情報Ⅰ図解と実習 サブノート　目次

JN132654

① ＳＮＳの普及と情報モラル

📝 学習のまとめ

> 情報モラルは人に迷惑をかけないことにも
> 自分を守ることにもつながるのじゃ

第1章 情報社会とわたしたち

■ スマートフォンとSNS

・（❶　　　　　　　　　）が普及したことにより，いつでもどこでも，インターネットを利用して（❷　　　　　　）の収集ができるようになった。

・（❸　　　　　　）などのインターネット上のサービスを利用することで，誰でも（❹　　　　　　　）ができ，多くの人とコミュニケーションをとることが簡単になった。

■ スマートフォンやSNSで起こる問題

・スマートフォンやSNSは便利な反面，使い方を誤るとトラブルを引き起こす。誰もが知らないうちに（❺　　　　　　）にも（❻　　　　　　）にもなる危険性があるので，気をつけなければならない。

・（❼　　　　　　　　）⇒インターネットに過剰にのめり込み，日常生活に支障をきたす状態。

・（❽　　　　　　　　）⇒スマートフォンを歩きながら操作する行為。事故の原因にもなる。

・（❾　　　　　　　　）⇒インターネット上で行われるいじめ行為。

・（❿　　　　　　　　）⇒コンピュータやインターネットを悪用した犯罪。

・（⓫　　　　　　　　）⇒第三者がID，パスワードを盗用し，その人物や組織のふりをすること。

・（⓬　　　　　　）の（⓭　　　　　）に注意する。個人が特定できるような内容の記事を，SNSなどに投稿しない。

■ 個人の責任と情報モラル

・情報社会で適切に行動するための基本的な考え方や態度のことを（⓮　　　　　　　）という。

・自分の（⓬　　　　　　　）は自分で守る。

・（⓯　　　　　　　　）の発信や，（⓰　　　　　　　　　）はしない。

・他人の（⓱　　　　　　　　）を侵害しない。

■ インターネットの特性と拡散力

・インターネットでは，発信した情報が予想以上に（⓲　　　　　　）し，（⓳　　　　　　）する事態に発展することもある。一度発信した情報を完全に消すことは難しい。

・（⓳　　　　　　）⇒インターネット上での不用意な発言に対して多くの批判・中傷が寄せられること。

📖 キーワード

☑スマートフォン　☑SNS　☑情報モラル　☑拡散　☑炎上　☑インターネット

練習問題

1 次の❶〜❺の説明に当てはまる語句を下の語群から選び，解答欄に記入しなさい。

❶ 他人の ID・パスワードなどを盗用し，本人であるかのように装い，インターネット上のサービスを悪用すること。

❷ 知られては困る個人に関する情報が第三者に知られてしまうこと。

❸ インターネットを利用していないと不安に襲われるなどの状態。

❹ インターネット上で行われる誹謗中傷や他人へのいやがらせ行為。

❺ コンピュータやインターネットを悪用した犯罪。

①	
②	
③	
④	
⑤	

語群 ネット依存　炎上　個人情報の漏洩　サイバー犯罪　ネットいじめ　なりすまし　拡散

2 次の❶〜❺の文について，その内容が正しければ○，そうでなければ×を解答欄に記入しなさい。

❶ インターネットは世界中につながっていることを意識して利用すべきである。

❷ インターネットから離れて日常生活を送っていれば，サイバー犯罪に巻き込まれることはない。

❸ スマートフォンが普及したため，インターネットはあまり利用されなくなってきた。

❹ SNS は，トラブルを引き起こすだけの危険なツールである。

❺ インターネットに投稿した情報は予想以上に拡散することがある。

①	
②	
③	
④	
⑤	

3 SNS への投稿が原因で起こった事件・トラブルについて調べ，下に書きなさい。

ヒント インターネットで，SNS に関連するニュースを検索し，題材にするニュースを 1 つ選ぼう。調べたことを「いつ，どこで，誰が，何を，なぜ，どのように」がわかるようにまとめよう。

4 Web サイト「ネット社会の歩き方」を使って，情報モラルについて調べ，下に書きなさい。

ヒント 「ネット社会の歩き方」という語で検索し，該当する Web サイトにアクセスしよう。そこで紹介されている事例から情報モラルに関するものを 1 つ選び，内容と注意点を書き出そう。

② 情報社会とは

📝 学習のまとめ

> 情報やメディアの特性を理解できると情報社会がより広く深く見えてくるぞ

■ 情報社会とは
- 情報通信技術の発達によって，世界中に大量の（❶　　　　　）が行き交い，いつでもこれを利用できるようになった。
- （❷　　　　　　　）では社会のしくみ全体が（❶　　　　　）に支えられて成り立っている。

■ 情報社会とメディア
- （❸　　　　　　　）⇒情報を伝えるもの。媒体（ばいたい）。情報の表現，伝達，記録に用いられるものや装置などのこと。
- （❹　　　　　　　　）⇒不特定多数の受け手に大量の情報を送るメディア。
- （❺　　　　　　　　　）⇒インターネット上の SNS などをはじめとしたコミュニケーションサービスを通じて，多くの人がつながり，コミュニケーションを取り合う中で新しい情報が生み出されるような場。

■ 情報の特性
- 情報には（❻　　　　　　　）⇔ ものには形がある
- 情報は（❼　　　　　　　）⇔ ものは渡（わた）すとなくなる
- 情報は（❽　　　　　　　　）⇔ ものは複製に手間がかかる
- 情報は（❾　　　　　　　　）⇔ ものは送るのに手間がかかる

■ 情報社会の課題
- （❿　　　　　　　　）⇒偽（にせ）のサイトに誘導（ゆうどう）する（⓫　　　　　　　　）詐欺（さぎ）など，コンピュータやインターネットを悪用した犯罪。
- （⓬　　　　　　　　）⇒うそや不正確な情報によるニュース。
- 情報システムの（⓭　　　　　）⇒システムに障害が起こった場合などに起こる影響（えいきょう）。
- （⓮　　　　　　　　）⇒大量の情報の中から正しい情報を見抜（みぬ）く力など，情報の送り手・受け手として必要な能力。

📖 キーワード

☑ 情報社会　☑ メディア　☑ マスメディア　☑ ソーシャルメディア　☑ フィッシング
☑ フェイクニュース　☑ サイバー犯罪　☑ リスク　☑ メディア・リテラシー

練習問題 ....

1 次のア〜キの語句について，**①**マスメディアか**②**ソーシャルメディアかのいずれかに分類し，それぞれの記号を解答欄に記入しなさい。

ア. ラジオ　　**イ**. 雑誌　　**ウ**. ネット上の掲示板

エ. 新聞　　**オ**. SNS　　**カ**. ブログ　　**キ**. テレビ

①	
②	

2 次の図ア〜エは，情報の特性についてあらわしたものである。下の**①**〜**④**にあげられた問題点は，それぞれどの特性によって起こり得るものか。記号を解答欄に記入しなさい。

ア. 情報には形がない	**イ**. 情報は消えない	**ウ**. 情報は簡単に複製できる	**エ**. 情報は容易に伝わる

① オリジナル作品を不正にコピーされてしまうおそれがある。

② 人によって情報の解釈や受け取り方が異なることがある。

③ あっという間に拡散するおそれがある。

④ オリジナルを残したままコピーできるため，盗まれても気がつかないことがある。

①	
②	
③	
④	

3 きのう1日で得た情報にはどのようなものがあったか思い出し，下に書きなさい。

ヒント きのう起きてから寝るまでの行動を思い出し，その間に得た情報を順に書き出そう。

4 情報を伝えるメディアにはどのようなものがあるか，下に書きなさい。

ヒント **3**で書き出した情報の入手先はどのようなものであったかをヒントに，考えてみよう。

第**1**節　情報社会を見渡してみよう

③ 大切な情報を守るために

✎ 学習のまとめ

大切な情報を守るための方法をきちんと
知って，上手に活用するのじゃ

■ 情報セキュリティとは

・許可された（❶　　　　　　）だけが必要に応じて正確かつ安全に情報を扱えるようにするとともに，情報が破壊されたり無断で（❷　　　　　　）られたり消去されたりしないように保護することを（❸　　　　　　）という。

・（❹　　　　　　）⇒情報を取り扱う際，本人であることを確認・証明すること。

・（❺　　　　　　）⇒（❶　　　　　　）が本人であると確認するためあらかじめ登録する文字列。

・（❻　　　　　　）⇒指紋など身体的な特徴を使って本人であることを確認・証明する認証方法。

・（❼　　　　　　）⇒第三者に知られては困る情報を，意味の通じないデータに変換すること。

・（❽　　　　　　）⇒無線（ワイヤレス）を利用した一定の範囲内のネットワーク。

・（❾　　　　　　）⇒インターネット上でデータを暗号化するしくみで，これに対応した URL は https からはじまっている。

■ さまざまなリスクへの備え

（❿　　　　　　）	OS やアプリケーションソフトウェアのバージョンを最新の状態にすること。これにより（⓫　　　　　　）を修正したり，アプリケーションに新たな機能を追加したりできる。
（⓬　　　　　　）	外部からの侵入を防ぐしくみ。インターネットと内部ネットワークとの接続部分に設置する。
（⓭　　　　　　）	同じデータを複数の記録メディアやクラウドに保存しておくこと。万一のデータ消失などに備えることができる。 ハードディスク，SSDなど　DVD，Blu-rayなど　クラウド bunkasai.mp4　bunkasai.mp4　bunkasai.mp4　bunkasai.mp4

📖 キーワード

☑ 情報セキュリティ　☑ 個人認証　☑ パスワード　☑ 生体認証　☑ 暗号化

☑ 無線 LAN　☑ TLS　☑ アップデート（更新）　☑ ファイアウォール　☑ バックアップ

練習問題 ....

1 次のア〜エから生体認証についての正しい説明を1つ選び，記号を解答欄に記入しなさい。

ア．生物の持つ機能を解明し，その働きをわたしたちの生活に役立てようとする技術のこと。

イ．自分だけが持ち得る身体の特徴を使うため，偽造の危険性が比較的低いとされる。

ウ．画面上にゆがんで表示された文字を読んで入力することで，ロボットではなく，人間が操作を行っていると証明するしくみ。

エ．簡単に他人によるなりすましができてしまうため，最近はほとんど使われていない。

正しい説明の記号	

2 生体認証にはどのようなものがあるか調べ，下に書きなさい。

3 次の文の空欄❶〜❻に当てはまる語句を，下の語群から選び，解答欄に記入しなさい。

　インターネットに電波などの無線を利用した（❶）を使用する場合，電波はあらゆる方向に飛ぶので，傍受されても意味がわからなくなるよう（❷）が必要である。また，さまざまな機器や情報を，許可された利用者本人だけが利用できるように確認することを（❸）という。これらは，大切な情報を守るための（❹）技術である。

　情報社会のさまざまなリスクに備える対策の例として，ネットワークの内部データを外部からの不正アクセスから守る（❺）や，データの消失に備えるための（❻）などがある。

①	
②	
③	
④	
⑤	
⑥	

語群 情報セキュリティ　　バックアップ　　TLS　　暗号化　　個人認証　　無線LAN
アップデート　　ファイアウォール

4 すぐに見破られてしまうようなパスワードの例をあげ，それらがなぜよくないのか話し合い，出た意見を下に書きなさい。

パスワードの例	理由

④ 情報社会を支える法律

✎ 学習のまとめ

> なぜこうした法律が必要なのかを考えてみるのも大切じゃぞ

■ 不正アクセスを禁止する法律，個人情報を守る法律

- 情報社会では，情報の扱いに関するさまざまな法律が定められている。
- 本来アクセス権限を持たない人がサーバやシステムに侵入することを（❶　　　　　　　　）といい，この行為は（❷　　　　　　　　　　）という法律で禁止されている。
- 個人が特定できるような情報の取得の制限をはじめ，適切な管理，利用などを定めている法律を，一般に（❸　　　　　　　　），正式名称では「個人情報の保護に関する法律」という。

■ 知的財産権とは

- 人の創作活動によって生み出された作品や技術が持つ財産的な価値を（❹　　　　　　　）といい，その作者の権利を（❺　　　　　　）という。

（❻　　　　　　　　）	文化や芸術，学術に関する権利
（❼　　　　　　　　）	産業に関する権利
その他の知的財産権の例	半導体集積回路配置図に関する権利　など

■ 産業財産権の分類

（❽　　　　　　　）⇒もの，方法，製造方法の産業上有用な発明を保護（20年）。

（❿　　　　　　　）⇒商標やサービスに使うマークや文字などを保護（10年ごとに更新可能）。

（❾　　　　　　　　）⇒ものの構造，形にかかわる考案などの小発明を保護（10年）。

（⓫　　　　　　　）⇒美感，創作性，模様，色彩など，もののデザインを保護（25年）。

📖 キーワード

- ☑ 不正アクセス ☑ 不正アクセス禁止法 ☑ 個人情報 ☑ プライバシー
- ☑ 個人情報保護法（個人情報の保護に関する法律） ☑ 知的財産 ☑ 知的財産権
- ☑ 著作権 ☑ 産業財産権 ☑ 特許権 ☑ 実用新案権 ☑ 意匠権 ☑ 商標権 ☑ 特許庁

1 次の**①**，**②**の説明に当てはまる法律の名称を，解答欄（かいとうらん）に記入しなさい。

① 個人が特定できる情報の取得の制限や適切に管理することを定めた法律

② アクセス権限がない人が ID やパスワードを不正取得したり利用したりすることを禁止する法律

①		②	

2 次の**①**～**④**の説明に当てはまる権利の名称を解答欄に記入しなさい。また，その権利の保護される期間（年数）についても記入しなさい。

① ものの構造などにかかわる考案などの小発明を保護。

② もののデザインを保護。

③ マークや文字，特定の商品名などを保護。

④ 産業上の有用な発明を保護。

	名　称	期間
①	権	
②	権	
③	権	
④	権	

3 次の**①**～**③**について，意匠権で保護されるものにはア，商標権で保護されるものにはイ，どちらにも保護される可能性のないものにはウを記入しなさい。

① 電気自動車の車体の形状など，もののデザイン

② 道路標識

③ ロボット掃除機（そうじ）の商品名

①	
②	
③	

4 個人情報に当たるものには教科書の例以外にどのようなものがあるか考え，下に書きなさい。

ヒント 教科書 P.12 にある「名前，生年月日」以外に何があるか，考えてみよう。

5 特許の技術が採用されている身近な商品を探し，どのような技術かを調べて下に書きなさい。

ヒント 「特許第 0000000000 号」と表記されている番号を，インターネットで調べてみよう。

⑤ 著作権に関する法律

✏ 学習のまとめ

> 著作物は正しい著作権の知識をもって適切に活用するのじゃよ

■ 著作権に関する法律

- 文芸・学術・美術・音楽など，思想や感情を創作的に表現した作品を（❶　　　　　　　）といい，その作者を（❷　　　　　　）という。
- （❷　　　　　　）が持つ権利を（❸　　　　　　）といい，（❹　　　　　　）によって保護されている。
- 違法にアップロードされたものと知りながらコンテンツをダウンロードするなど，（❷　　　　　）に無断で（❶　　　　　）を利用すると（❺　　　　　　）となる。

■ 著作者の持つ権利

- 著作者の持つ権利は，著作者だけに認められている（❻　　　　　　　　）と，譲渡・相続ができる（❼　　　　　　　）とに分類される。
- （❻　　　　　　）には以下のものがある。
  - （❽　　　　　）⇒著作物公表の可否，公表のしかたを決める権利
  - （❾　　　　　　）⇒著作者の名前の表示に関する権利　ペンネームなど実名以外での公表も可
  - （❿　　　　　　）⇒著作物の内容を勝手に改変されない権利
- （❼　　　　　　）のおもなものには以下のものがある。
  - （⓫　　　　　）⇒著作物を複製する権利
  - （⓬　　　　　）⇒著作物を譲渡する権利
  - （⓭　　　　　）⇒著作物を放送・インターネットなどで送信する権利
- （⓮　　　　　　）⇒実演家や放送事業者など，著作物を広める役割をはたす者が持つ権利。

■ 著作権の保護と著作物の活用

- 一定の条件下で利用する場合を除き，著作物を使用する場合は，著作者の（⓯　　　　　）が必要。
- 他者の著作物から引用する際のルールには，以下のようなものがある。
  - 引用元がすでに公表されていること　　・引用した部分を明確にすること
  - 自分の主張が「主」で引用は「従」の関係であること　　・必要な箇所のみを引用すること
  - 出所・出典を明記すること

📖 キーワード

☑ 著作権　☑ 著作物　☑ 著作者　☑ 著作権法　☑ 著作者人格権　☑ 著作権（財産権）

☑ 公表権　☑ 氏名表示権　☑ 同一性保持権　☑ 著作隣接権　☑ 引用

1 次の❶～❺の著作者が持つ権利について，それぞれの名称を解答欄に記入しなさい。さらに，著作者人格権に当たる場合は「人格権」，著作権（財産権）に当たる場合は「財産権」に，それぞれ〇をつけなさい。

❶ 英語の小説を日本語に訳して出版するなどする権利

❷ 聴衆の前などで著作物を朗読する権利

❸ 著作物を公表するかどうか決める権利

❹ 著作物のコピーを作成する権利

❺ 映画を複製して上映する期間や場所を指定する権利

	権利の名称	いずれに当たるか
①		人格権　　財産権
②		人格権　　財産権
③		人格権　　財産権
④		人格権　　財産権
⑤		人格権　　財産権

2 次の❶～❼の著作物を使用する場面について，許諾を取らずに使用できる場合は〇を，許諾がないと使用できない場合は×を記入しなさい。

❶ 学校の先生が，担当する教科のテスト問題の一部に新聞記事を使った。

❷ コンサートで，自分が作詞作曲した曲を歌った。

❸ 他人が撮影した写真をスクリーンショットで保存し，自分の作品に利用した。

❹ カラオケ店で歌っているようすを録画し，自分の Web ページで公開した。

❺ 大正時代に公表された小説をベースにして自分たちで台本を作成し上演した。

❻ テレビ番組を録画して，家族全員で視聴した。

❼ 校内放送で，放送部が市販の音楽 CD を再生して放送した。

①	
②	
③	
④	
⑤	
⑥	
⑦	

3 次の❶～❹のうち，著作権があるものには〇を，ないものには×を下に記入しなさい。また，その理由も調べて記入しなさい。

	著作権の有無	理　由
①学校の住所		
②小学生が描いた絵		
③法律の条文		
④自分がスマートフォンで撮った写真		

⑥ 情報通信技術で変わる社会

✏️ 学習のまとめ

> 便利な技術も実際に社会の中で使ってみると問題が生じることがあるんじゃ

■ 情報通信技術で変わる社会

- 情報通信技術の発達によって生活は大きく変化した。
- 狩猟社会，農耕社会，工業社会に続くいまの（❶　　　　　　）は Society 4.0 ということができる。その次の社会である（❷　　　　　　　）では，（❸　　　　　）により収集される大量の情報が（❹　　　　　　　　）で解析され，社会のさまざまな課題を解決していくものと期待されている。

| Society 1.0 狩猟社会 ▶ | Society 2.0 農耕社会 ▶ | Society 3.0 工業社会 ▶ | Society 4.0 情報社会 ▶ | Society 5.0 |

- （❸　　　　　）⇒「モノのインターネット」といわれる考え方。
- （❺　　　　　　　　）⇒多様な方法で収集・蓄積された，たくさんのデータの集合体のこと。

■ 情報通信技術の進歩と課題

- たとえば自動運転の車などで，人工知能が判断を誤ったために事故が起きてしまった場合，誰の責任になるのかなど，情報通信技術の発展にともない，新たな課題も発生してくる。
- このようなケースに備えて，新しい技術やサービスの導入にあたっては，（❻　　　　　　）や新しいルールの整備も考える必要がある。

■ 持続可能な社会のために

- よりよい情報社会の進歩のためには，技術のことだけを考えるのではなく，人や社会との関係性をつねに意識する必要がある。

+α 「SDGs」持続可能な開発目標

2015 年に国連加盟 193 か国が 2030 年までに達成しようと掲げた 17 の目標がある。どのような目標があるかを調べ，それぞれについて自分が役に立てることはないか，普段から心がけることができることはないかを考えてみよう。SDGs は Sustainable Development Goals の略。

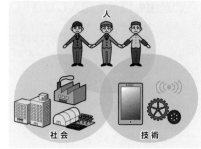

📖 キーワード

- ☑ 情報通信技術　☑ Society 5.0　☑ 人工知能 (AI)　☑ IoT　☑ ビッグデータ
- ☑ 自動運転　☑ 持続可能な社会

1 次の**❶**〜**❹**は，情報通信技術の発達によって実現した事柄（ことがら）について説明したものである。それぞれに関係する語句を下の語群から選び，記号を解答欄（かいとうらん）に記入しなさい。

❶ 自動操縦できる飛行体によって，運搬（うんぱん）や撮影（さつえい）や測量などを行う。

❷ ネットワーク化した家電製品や情報機器をスマートフォンなどで手軽に操作して，快適な暮らしを実現する。

❸ 接客の一部を人間が行わずに機械化することで，少人数での店舗運営（てんぽ）を実現する。

❹ 情報機器を利用した診察（しんさつ）により，医師のいない地域の医療（いりょう）を保障する。

①	
②	
③	
④	

語群 ア．ドローン　　　イ．接客ロボット　　　ウ．スマート農業
　　　エ．遠隔医療（えんかく）　　オ．ビッグデータ　　　カ．スマートホーム

2 次の**❶**〜**❹**は情報通信技術の進歩について述べたものである。その内容が正しければ○，そうでなければ×を記入しなさい。

❶ どれほど情報通信技術が発達しても，わたしたちの普段の生活に大きな変化が起こることはない。

❷ IoT の例として，モノにセンサと通信機能をつけて，遠隔で情報を収集することなどがあげられる。

❸ 人工知能はものごとを覚えたり，予測したり，判断したりすることはできない。

❹ この先も豊かな社会を持続させていくためには，技術のことだけを考えるのではなく，人や社会との関係性をつねに意識する必要がある。

①	
②	
③	
④	

3 こんな技術があったら便利だというアイデアを，下に自由に書きなさい。

ヒント いま不便に感じていることを思い出し，それらを解決するためには，どのような技術が必要かを考えてみよう。また，もしあれば便利だと思うものを書き出してみよう。それらは何のために使われる技術で，どのように生活を便利にするだろうか。

第1章　章末問題

1 次の文は，情報社会とその問題点について述べたものである。空欄❶〜❼に当てはまる語句を下の語群から選び，記号を解答欄に記入しなさい。(2点×7)

　　情報化が進み，スマートフォンや SNS の普及でわたしたちの生活は便利になった。その一方で，さまざまな課題も生じている。たとえばコンピュータやネットワークを悪用した（❶），個人情報の（❷），SNS などで他人を傷つける（❸），インターネットにつながっていないと不安を感じる（❹），他人の個人情報を悪用し，その人物のふりをする（❺）などである。情報社会で適切に行動するためには，情報の真偽を見分ける（❻）を高め，つねに（❼）を意識した行動を心がけたい。

> **語群**　ア．メディア・リテラシー　　イ．漏洩　　ウ．なりすまし
> 　　　　　エ．サイバー犯罪　　オ．ネットいじめ　　カ．ネット依存
> 　　　　　キ．情報モラル

①	
②	
③	
④	
⑤	
⑥	
⑦	

2 次の❶〜❼の説明のうち，情報の特徴を示すものには J，ものの特徴を示すものには M を，それぞれ解答欄に記入しなさい。(2点×7)

❶ 形があるので，直接触れたり手渡したりできる。
❷ 複製するにはそれなりの手間がかかる。
❸ 遠くへ送るには手間や時間がかかる。
❹ オリジナルかコピーかの区別が難しい。
❺ 複製にともなって質が変わったり，消えたりすることがあまりない。
❻ 一般的に，消費したり使用したりするとなくなる。
❼ 複製をつくって一度にたくさんの人に送ることができる。

①	
②	
③	
④	
⑤	
⑥	
⑦	

3 次の文は情報セキュリティについて述べたものである。空欄❶〜❹に当てはまる語句を，下の語群から選び，解答欄に記入しなさい。(5点×4)

　　情報セキュリティとは，許可された利用者だけが必要なときに正確かつ安全に情報を扱えるように保護することである。情報を利用できる人を制限するための方法の例として，ID とともに本人にしかわからない（❶）を入力して本人確認をする方法や，身体の一部の特徴を利用して本人を特定する（❷）などがある。そのほか，ネットワークでやり取りする情報を意味の通じないデータに変換する（❸）という技術がある。インターネット上でデータを（❸）するしくみの1つに（❹）がある。

①	
②	
③	
④	

> **語群**　LAN　　TLS　　パスワード　　生体認証　　指紋認証　　暗号化　　偽装

4 次の文は個人情報について述べたものである。空欄**①**〜**④**に当てはまる語句を，下の語群から選び，記号を解答欄に記入しなさい。(2点×4)

個人情報とは，名前や生年月日，住所，メールアドレス，テストの成績などによって，個人の特定につながる情報のことをいう。個人情報の取得や管理について定めた「個人情報の保護に関する法律」は一般に（**①**）と呼ばれる。この法律では，個人情報を所持し事業に用いている事業者を（**②**）としている。（**②**）は，本人からの求めに応じて個人情報を本人に見せる「個人情報の（**③**）」や，誤った情報を修正する「個人情報の（**④**）」などを行わなければならない。

①	
②	
③	
④	

語群	ア．プライバシー イ．データベース ウ．個人情報取扱事業者 エ．利用停止
	オ．個人情報保護法 カ．削除 キ．訂正 ク．確認 ケ．公開 コ．開示

5 次の**①**〜**④**の保護にかかわる産業財産権の名称を，下の語群から選び，記号を解答欄に記入しなさい。また，これらの権利の申請先となる国の機関の名称を**⑤**に記入しなさい。(3点×5)

① 商品のロゴマークなど商品・サービスに使うマークや文字を保護。

② 機械のボタンの配置など，ものの構造や形の考案などの小発明を保護。

③ 商品の色合いや模様など，もののデザインを保護。

④ もの，方法，製造方法における産業上有用な発明を保護。

①	
②	
③	
④	
⑤	

語群	ア．特許権 イ．実用新案権 ウ．商標権 エ．意匠権

6 次の文は著作権に関する説明である。空欄**①**〜**④**に当てはまる語句を，解答欄に漢字で記入しなさい。(4点×4)

絵画や小説，音楽など，思想や感情を創作的に表現したものを（**①**）といい，その作者を（**②**）という。（**①**）を正しく利用し，（**②**）の権利を保護する目的で定められた法律が（**③**）である。（**③**）による（**①**）の保護期間は（**②**）の（**④**）70年となっている。

①	
②	
③	
④	

7 次のア〜カから，著作隣接権を持つ者をすべて選び，記号を解答欄に記入しなさい。(完答7点)

ア．映画DVDの制作者 **イ**．楽曲の演奏者 **ウ**．舞台俳優
エ．劇の聴衆 **オ**．楽譜の購入者 **カ**．書籍を貸し出す図書館司書

答	

8 次の**①**，**②**が説明している語句は何か。それぞれ解答欄に記入しなさい。(3点×2)

① さまざまな方法で収集・蓄積された，膨大かつ多様なデータの集合体。

② モノにセンサや通信機能をつけてネットワーク接続し連携させるしくみ。

①		②	

① コミュニケーションとメディアの変遷

✎ 学習のまとめ

情報技術の発達がコミュニケーションにもたらした影響は大きいぞ

■ コミュニケーションとは

- 情報のやり取りすることを（❶　　　　　　　　　　）という。伝えたい情報は，言葉や絵などで（❷　　　　　）される。
- しかし，送り手の表現があいまいだったり，受け手によって異なった（❸　　　　　）をされたりすると，（❶　　　　　　　　　　　　　）にずれが生じる。
- 伝えたいことを表現するときは，相手にどのように理解されるかをよく考える必要がある。

■ メディアとは

- （❹　　　　　　　　　）⇒情報のやり取りを仲介するもの。用途に応じ，以下のような分類でとらえることができる。

名称	説明
（❺　　　　　　　　　）	文字や画像，音声，動画など，情報を表現するもの。
（❻　　　　　　　　　）	郵便，電話，インターネットなど，情報を運ぶもの。
（❼　　　　　　　　　）	ハードディスクや USB メモリ，SD カードなど，情報を保存しておくもの。

■ メディアとコミュニケーション手段の発達

- 19世紀に誕生した（❽　　　　　　　）技術を発展させることで，20世紀には（❹　　　　　　　　）を介して，情報発信者から不特定多数の人々に対して広く情報伝達を行うことが可能となった。これを（❾　　　　　　　　　　　　）という。
- 近年の（❿　　　　　　　　）＝ ICT の発達と（⓫　　　　　　　　　）の普及は，情報流通の量とその範囲を急激に拡大させ，伝達のスピードも速めた。
- （❿　　　　　　　　　）の発達はまた（❶　　　　　　　　　　　　　）の手段や役割に変化をもたらし，その効果や影響力も大きくなっている。

📖 キーワード

☑ コミュニケーション　☑ メディア　☑ 表現メディア　☑ 伝達メディア
☑ 記録メディア　☑ マスコミュニケーション　☑ 情報通信技術 (ICT)　☑ インターネット

練習問題 ‥‥

1 ❶表現メディア❷伝達メディア❸記録メディアの具体例を下の語群から選び，解答欄^{かいとうらん}に記入しなさい。

| 語群 | 電話　　文字　　SD カード |
| 手紙　　画像　　音声　　電波 |
| USB メモリ　　インターネット |

①	
②	
③	

2 次の❶〜❸の説明に当てはまる語句を，解答欄に記入しなさい。

❶ 広範囲の不特定多数の人々に，メディアを通じて行われる一方向の情報伝達のこと。

❷ 情報のやり取りを行うための技術やサービスの総称^{そうしょう}。

❸ 20 世紀後半に登場した，世界中のコンピュータネットワークを相互^{そうご}に接続したネットワーク。

①	
②	
③	

3 次の文は，中世〜インターネット登場以前までのコミュニケーション手段とメディアの変遷を述べたものである。空欄❶〜❺に当てはまる語句を，解答欄に記入しなさい。

　15 世紀のグーテンベルクによる（❶）技術の確立は，一度に多くの人に対して情報伝達を行うことを可能にした。その後，16 世紀にヨーロッパで拡大した（❷）事業は手紙による通信を広く一般的^{いっぱん}なものとし，19 世紀のモールスによる電信機の発明は遠く離^{はな}れた場所との通信を，ベルによる（❸）の発明は音声による通信を可能にし，マルコーニによる無線電信技術はさらに情報伝達の範囲を広めた。それらの技術を発展させ，20 世紀にアメリカで（❹）がはじまり，その約 20 年後には（❺）がはじまった。それぞれ 1920 年，1941 年のことである。

①	
②	
③	
④	
⑤	

4 インターネットの登場以前からある，放送局，新聞社，出版社などの企業は，現在どのようにインターネットを活用しているだろうか。調べて，下に記入しなさい。

② コミュニケーション手段の多様化

✏️ 学習のまとめ

> 多種多様な手段を目的や状況に合わせて上手に利用できそうかの？

■ インターネットとコミュニケーション

- 情報機器の（❶　　　　　）と（❷　　　　　　　　）により，（❸　　　　　　　　　　　）を利用したさまざまなサービスがインターネット上で利用できるようになっている。
- （❹　　　　）や（❺　　　　）の制約を受けることなく，より効果的なコミュニケーションを行うためには，それぞれのサービスの特性を理解したうえで利用することが求められる。
- 動画の送受信をともなうサービスも一般的になっている。（❻　　　　　　　　　　　）のほか，（❼　　　　　　　）のしくみはオンライン授業や企業での在宅勤務を可能にしている。

■ ソーシャルメディアと SNS

- インターネット上では（❽　　　　　）をはじめとしたコミュニケーションサービスを利用しながら，多くの人がつながり，コミュニケーションを取り合っている。
- （❾　　　　　　　　　　）を通して新しい情報が生み出されるような場と，それを支える（❽　　　　　）などのサービスを総称して（❿　　　　　　　　　　）という。
- （❿　　　　　　　　　　）の中では，発信された情報から新しい考え方やつながりが生まれ，ときには政治や経済にさえ影響を及ぼすこともある。

> コメントのやり取りやリツイート，「いいね」のリアクションなども情報発信のひとつといえるよ

- また災害時には（⓫　　　　　　　　）だけでは伝えることが不可能な細かな情報がやり取りされ，被害にあっている人が（⓬　　　　　　　）で欲しい情報を得られるツールとしても活用されている。

> 災害時，ボランティア募集や避難所で必要な物資の情報も SNS でいち早く知ることができそうだね

➕α さまざまな SNS

SNS には利用者同士がつながる機能，情報を投稿し共有する機能，投稿に「いいね」やコメントをつける機能などがある。利用者も複数の SNS を使い分けていることが多く，短文の投稿が中心の Twitter，写真の共有が中心の Instagram，動画主体の YouTube などのほか，無料でメッセージのやり取りや音声通話，ビデオ通話ができる LINE などは，幅広い世代で利用されている。そのほかライブ配信やゲームの実況中継などに特化した SNS，投稿されたサウンドに歌や演奏を重ねて楽しむ音楽系 SNS などもある。

📖 キーワード

- ☑ 情報通信ネットワーク　☑ WWW　☑ 動画共有サービス　☑ 電子メール
- ☑ テレビ会議　☑ SNS　☑ ソーシャルメディア

練習問題 ‥‥‥

1 次の❶～❺が説明しているコミュニケーションサービスの種類としてもっとも適切なものを，下
の語群から選び，解答欄に記入しなさい。

❶ 互いに映像を見ながら話をすることができるサービス。

❷ 動画を投稿したり，投稿された動画を閲覧したりできるサービス。

❸ Webページで情報を発信したり閲覧したりするサービス。

❹ 投稿にコメントや評価をつけ合い，人間関係を広げていける
サービス。

❺ ネットワーク上でメッセージを送受信するサービス。ファイ
ル添付も可能。

①	
②	
③	
④	
⑤	

> **語群** WWW　　動画共有サービス　　電子メール　　テレビ会議　　SNS

2 次の❶～❺について，その内容が正しければ○，そうでなければ×を解答欄に記入しなさい。

❶ ソーシャルメディアでは，自分が発信した情報から新たなつながりが生まれる
ことがある。

❷ ソーシャルメディアが政治や経済に影響を及ぼすことはない。

❸ オンラインゲームには，ソーシャルメディアの要素が含まれている。

❹ 災害時にソーシャルメディアが活用されることが増えている。

❺ ソーシャルメディアでは，新聞やTV，ラジオなどのマスメディアで取り上げ
られる情報以外を扱うことはできない。

①	
②	
③	
④	
⑤	

3 さまざまなコミュニケーション手段の例をあげ，情報機器を使うか使わないかの2つに分けて，
下にそれぞれ記入しなさい。

情報機器を使うものの例
情報機器を使わないものの例

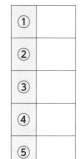

第1節　メディアとコミュニケーション

③ インターネット上のコミュニケーションの特性

✏ 学習のまとめ

> 相手が誰か，リアルタイムかそうでないかがポイントじゃの

第2章 コミュニケーションと情報デザイン

■ コミュニケーションの形態とその特性

- （❶　　　　　　）⇒個人から個人へ情報を発信するコミュニケーションの形態。
- （❷　　　　　　）⇒個人や組織から不特定多数へ情報を発信するコミュニケーションの形態。
- （❸　　　　　　）⇒情報の送り手と受け手が同じ時間を共有する形態。
- （❹　　　　　　）⇒情報の送り手と受け手が同じ時間を共有しない形態。自分と相手の時間的な都合を合わせる必要がない。
- 相手の都合や用件の緊急性などによって，コミュニケーション手段を選ぶ必要がある。

■ 電子メールによるコミュニケーション

- （❺　　　　　　　　）⇒ネットワーク上でメッセージをやり取りするしくみ。
- （❻　　　　　　）や（❼　　　　）を入力する部分と，（❽　　　　　）を入力する部分とで構成されている。
- 同じメッセージをほかの人にも同時に送信するときは（❾　　　　）や（❿　　　　　　）の機能を用いる。
- （❾　　　　　）に書いたメールアドレスは受信者全員に見えるが，（❿　　　　　）に書いたメールアドレスはほかの受信者には見えない。
- （❼　　　　　）には，そのメッセージの用件や，内容がわかるようなタイトルを簡潔に入力する。
- （❽　　　　　）の冒頭には，誰に送ったものかを明らかにするために，名前や所属などの（⓫　　　　　）を書く。
- 最後には，差出人の連絡先などを示す（⓬　　　　　　）を付ける。
- （❺　　　　　　　　）では，画像や文書などのファイルを（⓭　　　　　　　）としていっしょに送信することもできる。
- メールアドレスは個人情報に当たるので，取り扱いには十分に注意する。

メールボックス

受信　メッセージ　挿入　オプション　ゴミ箱

送信

（❻）：　nagai@＊＊＊＊.co.jp　　差出人　上部 西人
（❾）：　sumiyoshi@＊＊＊＊.ed.jp
（❿）：　teacher_sato@＊＊＊＊.ed.jp
（❼）：　来週の職場見学について

城宝商事
長居ひとみ様　⓫

おはようございます。情報学園高等学校の上部西人です。

先日お願いした職場見学のことについて，質問があります。
当日，御社を見学させていただくにあたって，
事前に用意したほうがいいものはありますか。

よろしくお願いします。

上部西人
情報学園高等学校　3年B組　　⓬
E-mail　uebu_saito@＊＊＊＊.ed.jp

❽

📖 キーワード

- ☑ 1対1　☑ 1対多　☑ 同期　☑ 非同期　☑ 電子メール　☑ 宛先／TO
- ☑ 件名　☑ 添付ファイル　☑ CC　☑ BCC　☑ 宛名　☑ 署名

練習問題

1 下の語群のコミュニケーション手段はどの形態に分類できるか。それぞれ表に記入しなさい。

	同期	非同期
1対1		
1対多		

> **語群** 電話　　手紙　　テレビの生中継　　動画共有サイト　　電子メール
> ライブ配信　　SNS の投稿

2 次の❶〜❹について、その内容が正しければ○、誤っていれば×を解答欄に記入しなさい。

❶ 電子メールは、1通につき1人にしか送信することができない。

❷ 電子メールは、画像や文書などのファイルを添付して送信することができる。

❸ たくさんの人に一斉に送るときは、個人情報保護の観点から、それぞれのメールアドレスが相手に表示されないように BCC を使って送信するのがよい。

❹ メールアドレスは個人情報とはいえないので、不特定多数の人に知られてもよい。

①	
②	
③	
④	

3 次の文は、情報通信サービスにおけるコミュニケーションの形態について説明したものである。空欄❶〜❹に当てはまる語句を、解答欄に記入しなさい。

　情報通信サービスを利用するときは、目的や状況、情報の緊急性などによって、コミュニケーション手段の形態や特性を生かした選択をするとよい。たとえば急ぎの要件を伝達したい場合、(❶) の形態が適しているといえる。とくに相手の反応を見ながら伝えたい場合は (❶) かつ (❷) の形態、相手の反応が見えなくてもいっぺんに不特定多数に伝えたい場合は (❶) かつ (❸) の形態がよい。ただし (❶) では情報の受け手が対応できる時間を選ぶ必要がある。いっぽうリアルタイムでなくてもよければ、(❹) の特性を持つ手段は、情報を事前に整理してから伝達することができ、また、相手側もまとまった情報を都合のよいときに確認できる。

①	
②	
③	
④	

4 道に迷った友人に「待ち合わせ場所までのルート」を伝えるのに適したコミュニケーション手段は何がよいか、考えて下に書きなさい。また、その理由も書きなさい。

手段：

理由：

第1節 メディアとコミュニケーション

④ ソーシャルメディアの活用と注意点

✏ 学習のまとめ

> 気軽に使えて便利だからこそ注意すべき点もしっかり押さえておくのじゃ

■ ソーシャルメディアの活用

- (❶　　　　　　　　　　　　) は新しい人間関係をつくったり，伝えたい情報を人づてに広めたりしやすいという特性があり，さまざまな目的・用途で幅広く利用されている。

- たとえば，インターネットを通じて，個人や団体などが自分の目的に共感してくれた人から資金を募って目的を達成する (❷　　　　　　　　　　　　) というしくみのほか，イベントの告知や，災害時の情報共有などが，その例としてあげられる。

- しかしその反面，ソーシャルメディアでは (❸　　　　　) 情報や悪意のある (❹　　　　) も拡散しやすく，ときにはそれが社会問題に発展することもある。

- 情報社会を生きるわたしたちには (❺　　　　　　　　　　　　) を高める努力が求められる。

■ 対面コミュニケーションとの違い

- インターネットでは相手の顔が見えないため，対面のコミュニケーションとは異なる特性がある。

- 文字だけのやり取りでは細かな感情の動きなどを判断しにくいことも多く，(❻　　　　) が生じることもある。

- 直接の対話では話した内容が互いの記憶に残るだけだが，インターネットでは利用者の機器やサーバ上に (❼　　　　) が残る。

> ソーシャルメディアは便利な反面，活用するときは注意が必要な点もあるよ

➕α インターネットの匿名性

何らかの言動をとった人物の身元が特定できないような性質のことを匿名性という。インターネット上の情報は発信者がわかりにくく悪用されやすいが，インターネット上で誰が情報を送受信したかは記録されていて，誹謗中傷や犯罪など，違法行為の捜査などで利用されることがある。

■ 顔文字・絵文字・スタンプツールの登場

- 親しい間柄であれば，文字だけでなく (❽　　　　) や (❾　　　　)，(❿　　　　) などを活用し，感情や雰囲気を伝達するのもよい。

- (❽　　　　) ⇒顔の表情を記号の組み合わせで表現したもの。

- (❾　　　　) ⇒ものや表情をイラスト化した文字。

📖 キーワード

☑ デマ　☑ メディア・リテラシー　☑ クラウドファンディング　☑ 顔文字　☑ 絵文字　☑ スタンプ

1 次の**❶**～**❺**の説明について，その内容が正しければ○，誤っていれば×を解答欄に記入しなさい。

❶ 仲間内でやっている SNS には，多少のうそを書いても大きな問題に発展することはない。

❷ クラウドファンディングを利用して資金を募る場合は，必ず支援者へのリターンを用意する必要がある。

❸ 文字だけによるコミュニケーションは，相手の表情や動作，声色などがわかる対面でのコミュニケーションと比べて，細かな感情や雰囲気は伝わりにくい。

❹ SNS のサーバには通信の記録が残るので，それを見れば誰がいつどのような投稿をしたかわかる。

❺ 顔文字や絵文字を使うと感情の伝達を助けてくれるため誤解を招くおそれがない。

①	
②	
③	
④	
⑤	

2 誤った情報やデマの拡散によって社会問題が引き起こされた事例を調べて，下に書きなさい。

ヒント インターネットのニュースなどを調べてみよう。

3 文字だけでは誤解を招きそうな文章や言い方について，下に例をあげ，その理由も書きなさい。

ヒント 過去に自分が送受信した情報ややり取りのなかに，そのような例がなかったか思い出してみよう。そのとき誤解された内容は，本来の意図と比べてどのような違いがあっただろうか。

言葉や文章の例

理由

4 相手の顔が見えないという状況で気をつけるべきこととは何か，下に書きなさい。

ヒント スマートフォンなどでメッセージを送るときのことを思い起こしてみよう。また，**3** で書き出した事例も参考にしながら，誤解のない伝え方について，改めて考えてみよう。

① デザインの基本を見てみよう

✏️ 学習のまとめ

> 情報をわかりやすく伝えるためにもデザインの基本は知っておくとよいぞ

■ 伝えたいことを整理しよう

・情報を伝えたいときはまず（❶　　　　　）を確認する。

・次に，その（❶　　　　　）を達成するためにはどのようなことを伝えればよいか，書き出して整理する。

・書き出すときには，「（❷　　　　）に対して」「どのような（❸　　　　　）を」「（❹　　　　　）伝えたいか」などを意識する。

・伝えることを整理するときには，5W1H で考えてみるのもよい。

■ 情報は見やすく，読みやすく

・「伝える」ということには「（❺　　　　　　　　　　　　　　　）」という目的がともなう。

・情報発信には，受け手が無理なく理解できるための工夫が必要。

・さまざまな工夫の例

（❻　　　　　　　）	人が情報を見るときの自然な視線の流れのこと。 ・文字が横組のレイアウト ⇒左上から右下へ ・文字が縦組のレイアウト ⇒右上から左下へ
（❼　　　　　　　）	文字の種類のこと。あまり多くの種類を1つの紙面上に用いない。 ・（❽　　　　　　　）体 ⇒おもに見出しや強調したい箇所など。 ・（❾　　　　　　　）体 ⇒長い文章でも読みやすい。
（❿　　　　　　　）	見出しと本文の文字の大きさの比率のこと。大きいと躍動感が出る。また，小さいと落ち着きのある雰囲気になる。
（⓫　　　　　　　）	配置のこと。文字や画像などの大きさや配置，項目と項目の間の余白など，「そろえること」が基本。視線の流れを意識して考えるとよい。
（⓬　　　　　　　）	イメージに合っているか，見やすいかなど，組み合わせにも気をつける。

📖 キーワード

☑ 5W1H　☑ 視線移動　☑ フォント　☑ ゴシック体　☑ 明朝体　☑ ジャンプ率

☑ レイアウト　☑ 余白　☑ 色

■1 下のポスターには，表に示したような問題点がある。これらの問題を解決するためにはどのような点に注意すればよいか。下の語群から当てはまるものをすべて選び，記号を記入しなさい。

問題点	修正ポイント
テニス部がテスニ部に読めてしまう	
活動時間や場所など必要な情報がない	
文字情報があちこちにちりばめられすぎている	
複数の字体があってごちゃごちゃしている	
絵柄と文字の濃淡の組み合わせが読みづらい	

語群 ア．フォント　イ．視線移動　ウ．レイアウト
エ．伝えたい内容の整理　オ．ジャンプ率　カ．色

■2 以下は，同じ内容を①フォント，②ジャンプ率を変えて作成した例である。見た目から伝わる印象について，それぞれどのような違いがあるかに着目して，下にまとめなさい。

① フォント		伝わる印象
カメラの構え方 　脇をしめ，両手でしっかりとカメラを持って構える。指がレンズにかからないように注意する必要がある。三脚を使うと作品のブレを防ぐことができる。	カメラの構え方 　脇をしめ，両手でしっかりとカメラを持って構える。指がレンズにかからないように注意する必要がある。三脚を使うと作品のブレを防ぐことができる。	
② ジャンプ率		伝わる印象
カメラの構え方 　脇をしめ，両手でしっかりとカメラを持って構える。指がレンズにかからないように注意する必要がある。三脚を使うと作品のブレを防ぐことができる。	カメラの構え方 　脇をしめ，両手でしっかりとカメラを持って構える。指がレンズにかからないように注意する必要がある。三脚を使うと作品のブレを防ぐことができる。	

第2節　情報デザイン

② 情報デザイン

✏ 学習のまとめ

情報デザインは効果的なコミュニケーションや問題解決に役立つぞ！

■ 情報デザインとは

- 伝えたい情報を伝えたい相手に正しく伝えられるよう，情報の内容を目的に合わせて整理したり表現を工夫したりすることを（❶　　　　　　　）という。
- （❶　　　　　　　）の考え方を知ることで，情報が正しく伝わらないことが原因で起こる問題を解決することができる。
- 見た人がそれぞれに自由な解釈をする ⇒（❷　　　　　）
- 誰が見ても正しい意図が同じように伝わる ⇒（❶　　　　　　　）

■ 抽象化／可視化／構造化

- 情報デザインのおもな工夫や手法の例には，以下のようなものがある。

（❸　　　　）	余分な要素をそぎ落としたうえで情報の要点だけを抜き出し，伝えたいことを（❹　　　）や（❺　　　　）などでシンプルに表現すること。 ・（❻　　　　　　　）⇒おもに公共の場で，情報や注意を示すために用いられる絵記号。言葉で説明しなくても直感的に伝わるよう，デザインされている。 ・（❼　　　　　　　）⇒パソコンやスマートフォンの画面上で見られる，アプリケーションやファイルの種類を示した小さな図や絵。
（❽　　　　）	必要な情報を取り出して視覚的に表現し，わかりやすくすること。電車の路線図など。 ・（❾　　　　　　）⇒数値であらわされたデータの集まりを（❽　　　　　）したもの。 ・（❿　　　　　　　　）⇒データの比較や変化，ものごとのつながりや流れなどを整理し，視覚的に表現したもの。人々の目を引くさまざまな工夫が凝らされており，広告などにも利用されている。
（⓫　　　　）	ある情報のまとまりの中で，それぞれの関係性やつながり，レベル，段階，順序などを整理してわかりやすく表現すること。Webの階層メニューなど。

📖 キーワード

☑情報デザイン　☑抽象化　☑ピクトグラム　☑アイコン　☑可視化　☑グラフ

☑インフォグラフィック　☑構造化

練習問題 ···

1 身近にあるピクトグラムを1つ取り上げ，❶〜❹の手順で分析したことを下の例にならって記入しなさい。

❶ 見つけたピクトグラムを描いてみる。

❷ どのような場所に表示されているか。

❸ 誰に対する表示であるか。

❹ 何を伝えているか。

下の例のピクトグラムは，どっちに行けばバス乗り場があるのかがわかるように「方向」を示す矢印とセットで表示されていることが多いね

① ピクトグラム	② 表示場所	③ 対象	④ 意味
例)	・駅や空港のターミナル，地下道など ・通路が複数方向に分かれている所	・掲示された場所の周辺に詳しくない人（旅行者など） ・乗り換えや移動を必要とする人	・バス乗り場

2 次の語群にある例ア〜キはそれぞれ，❶抽象化，❷可視化，❸構造化のどれに当てはまるか。記号を解答欄に記入しなさい。

語群　ア．雨雲レーダー　　イ．本の目次
　　　ウ．ピクトグラム　　エ．路線図
　　　オ．デパートのフロアマップ　　カ．グラフ
　　　キ．アイコン

①	
②	
③	

3 次の❶〜❹の例のうち，情報デザインに当てはまるものには○を，そうでないものには×を解答欄に記入しなさい。

❶ 黄色と黒で表現された⚠の標識

❷ 有名人の似顔絵

❸ スマートフォンの画面上にあるさまざまな機能をあらわすアイコン

❹ 夕暮れに赤く染まった富士山の写真

①		②	
③		④	

③ 情報を伝えるさまざまな手段

✏ 学習のまとめ

伝えたい情報の種類によってそれぞれ効果的な表現方法があるのじゃ

■ ポスター / Web / プレゼンテーション / レポートによる表現

ポスター	・人がたくさん通る場所に掲示するなど，（❶　　　　　　）の人に情報を伝えるのに適した手段。 ・人々の関心を引くために力のある（❷　　　　　）や（❸　　　　　），（❹　　　　）を適切にレイアウトすることが大切。 ・スペースに限りがあるため，一度に扱える情報量は（❺　　　　　）。
Web	・（❻　　　　　）や（❼　　　　　）などを含んだ表現が可能なほか，（❽　　　　）や（❾　　　　　）など，閲覧者からの反応を受け付けるしくみも持たせられる。 ・扱える情報量は非常に（❿　　　　　　）。そのため閲覧者が迷わないよう，（⓫　　　　　　）などわかりやすい（⓬　　　　　）で情報を示す必要がある。 ・閲覧しに来た人にしか伝わらないため，（⓭　　　　　）もらう工夫も大切。
プレゼンテーション	・相手を説得し，なんらかの行動を起こしてもらうことを目的とした情報伝達の手段。関連するデータや資料をまとめた（⓮　　　　　　）が使われることが多い。 ・（⓮　　　　　）には情報を詰め込みすぎたり，見た目にこだわりすぎたりすることを避け，必要な情報が間違いなく伝わる簡潔な表現を心がける。 ・（⓯　　　　　）による構成が効果的。
レポート	・自分が調べたことについて情報を整理し，その内容を順序立てて簡潔に記述したもの。 ・参考にした資料や書籍を（⓰　　　　　）に記す。 ・なお（⓱　　　　）とは，あるテーマについて自分なりの仮説を立てて，調査・研究によって得られたデータを通して新たに発見したことや，自分なりの見解・考察などを学術的に論じたもの。

プレゼンテーションは，事前のリハーサルをしっかり行って成功させよう！

📖 キーワード

☑ ポスター　☑ Web　☑ プレゼンテーション　☑ PREP 法
☑ レポート　☑ 論文　☑ アウトライン機能　☑ 参考文献

練 習 問 題 ・・

1 次のア〜エの文は，PREP法について述べたものである。正しい順番に並び替え，記号を解答欄(かいとうらん)に記入しなさい。

ア． 結論を再度伝えることで，聞き手の印象をさらに強める。

イ． 結論に至った理由を説明し，聞き手の疑問を解決したり納得させたりする。

ウ． このプレゼンテーションで最も伝えたい結論を伝え，聞き手の興味をつかむ。

エ． 理由を裏づける具体的な事例や詳しいデータを紹介(しょうかい)し，話の内容に説得力を持たせる。

答	⇒	⇒	⇒

2 次の❶〜❸のレポートの構成部分について，対応する説明を右から選び，それぞれ線で結びなさい。

❶ 序論(じょろん)・　　　　　　・伝えたいことの根拠(こんきょ)を，資料を用いてわかりやすい形で複数示す。

❷ 本論・　　　　　　　・本論で導いた根拠に簡単にふれ，伝えたかった情報を簡潔にまとめる。

❸ 結論・　　　　　　　・レポートの目的，テーマ，そのテーマについて何を言いたいのかをまとめる。

3 商店街で夏祭りを行うことになった。次の❶〜❹について，ポスター，Web，プレゼンテーション，レポートのうち，どの表現方法を使った情報伝達が最適か。解答欄に名称(めいしょう)を記入しなさい。

❶ 商店街を歩いている人たちに，夏祭りが開催(かいさい)されることを知らせたい。

❷ 来年の夏祭りイベントの参考にするため，今年の夏祭りのようすを文章にまとめて来年度の実行委員会に渡(わた)したい。

❸ 夏祭りでかかる費用を商店街の各店舗(てんぽ)にも負担してもらうため，開催することのメリットについて説明したい。

❹ 地元だけでなく，遠方の人たちにも参加してもらいたい。写真や動画も交えて，夏祭りの魅力(みりょく)を広く伝えたい。

①	
②	
③	
④	

4 レポートの参考文献として閲覧したWebサイトを示すとき，アクセス日もいっしょに書いておくのはどのような理由からか。下に記入しなさい。

第2節 情報デザイン

PAGE. 29

④ 誰にとってもわかりやすい情報デザインの工夫

第2章 コミュニケーションと情報デザイン

✏ 学習のまとめ

情報デザインが人や社会に果たす役割は大きいぞ

■ **ユニバーサルデザイン / ユーザビリティ / アクセシビリティ / シグニファイア**

・誰にとっても伝わりやすくするための工夫には，以下のようなものがある。

(❶)	・年齢や性別，言語の違い，障害の有無などにかかわらず，すべての人が等しく安全・快適に利用できるようなデザインの工夫や考え方のこと。
(❷)	・利用者が何かを操作するとき，ストレスを感じることなく，簡単にその使用目的を達成できるようなデザインの設計や工夫・技術。
(❸)	・誰もが公平に情報にアクセスでき，サービスを簡単に受けられるようにするための工夫や技術。 ・視覚に関する Web (❸) の例には，デザイン上の (❹) や，文字の (❺) への配慮のほか，(❻) による音声読み上げなどがあげられる。
(❼)	・ユーザがものを使うとき，直感的に適切な行動ができるようなヒントやサインのこと。

+α ユニバーサルデザインの7原則

公平性	自由度	単純性	わかりやすさ	安全性	体への負担の少なさ	スペースの確保
誰もが公平に利用できる	いろいろな方法を自由に選べる	使い方が簡単ですぐわかる	必要な情報がすぐわかる	ミスや危険につながらない	姿勢や力など楽に利用できる	使いやすい広さ・寸法になっている

誰に対してもわかりやすく情報を伝えられるデザインの技術が，社会や人が抱えている問題解決にもつながる！

📖 キーワード

- ☑ ユニバーサルデザイン　☑ ユーザビリティ　☑ アクセシビリティ
- ☑ 代替テキスト　☑ シグニファイア

練習問題 ‥‥‥‥‥‥‥‥‥‥‥‥‥‥‥‥‥‥‥‥‥‥‥‥‥‥‥‥‥‥‥‥‥‥‥‥‥

1 次のア〜ケはそれぞれ，**①ユニバーサルデザイン**，**②アクセシビリティ**，**③シグニファイア**のうち，どれに当てはまるか。記号を解答欄に記入しなさい。

ア． さわっただけでリンスとは区別がつくようにギザギザの印がついているシャンプーの容器

イ． 動画サイトの字幕機能

ウ． 自然に分別（ぶんべつ）をうながせるよう穴の形が捨（す）てるものの形に近いゴミ箱

エ． 間口の広い改札口

オ． 低い位置にもボタンがある自動販売（はんばい）機

カ． ディスプレイ上のテキストを読み上げる機能

キ． 電源プラグとコンセントの穴の形

ク． 着信を光の点滅（てんめつ）で知らせる電話機

ケ． 引き出しの取っ手

①	
②	
③	

2 下の**①**，**②**の図は，ユーザビリティのよくない例である。それぞれどのような点で，ユーザビリティがよくないといえるか，解答欄に記入しなさい。また，改善するためにはどのようにしたらよいかも記入しなさい。

❶

①	よくない点 どのように改善するか

❷

②	よくない点 どのように改善するか

⑤ 情報デザインの流れ【1】

✏ 学習のまとめ

> 情報デザインの考え方を問題解決に生かそう。まずは問題の明確化じゃ

第2章 コミュニケーションと情報デザイン

■ 情報デザインによる問題解決

- 情報が意図どおりに伝わらないことが原因で起こるような問題については，情報デザインの考え方や手法を活用することで，（❶　　　　　）ができる。

■ 問題の対象を見つける

- （❶　　　　　）をするには，まず考えを自由に（❷　　　　　）みる。次に，多くの意見やアイデアなどを整理しながら考えを（❸　　　　　）。そうすることで問題のポイントが見えてくる。

（❹　　　　　）	・（❺　　　　　）な発想でアイデアを膨らませる。 ・できるだけ（❻　　　　　）のアイデアを出し合う。 ・他人のアイデアを（❼　　　）しない。
（❽　　　　　）	・アイデアを書いた付せんなどを分類・（❾　　　　　）。 ・個々の（❿　　　　　）や（⓫　　　　　）を発見する。 ・その作業を通して，さらに新たな発想を生み出す。

■ 問題解決に向けた情報収集と整理

- 情報デザインでは，調査の目的を明確にしたうえでさまざまな視点に立った（⓬　　　　　）を行い，集めたデータから伝える内容や表現方法，効果的な伝達方法などを整理していくことが必要。

（⓭　　　　　）	知りたい事柄についてよく知る相手に質問しながら必要な情報を得る調査方法。
（⓮　　　　　）	実際に現地に行って，調査活動を行うこと。
（⓯　　　　　）	質問項目をつくり，それに回答してもらう調査方法。回答が多く集まれば，回答者たちの意見などの（⓰　　　　　）がわかる。

📖 キーワード

☑ 問題解決　☑ ブレーンストーミング　☑ KJ法　☑ 情報収集　☑ インタビュー
☑ フィールドワーク　☑ アンケート

練習問題 ....

1 次の**①**～**④**について，ブレーンストーミングの説明として正しいものには○を，そうでないものには×を解答欄（かいとうらん）に記入しなさい。

① 出される意見は質よりも量を追求した方がよい。

② 意見に独自性を持たせるため，他人の意見と自分の意見を組み合わせて考えない。

③ テーマに関連していても，あまりにも奇抜（きばつ）と思われる意見は出さないようにする。

④ 発想の範囲（はんい）が狭められて（せば）しまうので，他人の意見を批判しない。

①	
②	
③	
④	

第2節 情報デザイン

2 次の**①**～**④**について，KJ法の説明として正しいものには○を，そうでないものには×を解答欄に記入しなさい。

① 1枚のカードには，できるだけたくさんの意見を書くようにする。

② 意見が書かれたカードは，最初，ばらばらに広げておく。

③ 似たような意見が書かれたカードをまとめて分類する。

④ 全体の構造が見えやすくなるよう，グループごとにタイトルをつけるとよい。

①	
②	
③	
④	

3 次の文は，情報収集の手順や手段について述べたものである。空欄**①**～**⑥**に当てはまる語句を，下の語群から選び，解答欄に記入しなさい。

　解決すべき問題が明らかになったら，問題解決のために必要な情報を収集する。（**①**）を作成して多くの人の意見を聞く方法，解決したい事柄について詳しい（くわ）人などに（**②**）する方法など，情報収集にはさまざまな方法がある。また（**③**）によって現地で得られた情報を生かすことも，問題解決を考えるうえでは大切である。

　さまざまな視点から情報を集めたら，それらの整理を通して効果的な伝え方について考える。

　データの整理を行うときは（**④**）などを用いるとよい。表やグラフにすることで，情報を有効なものとして（**⑤**）でき，効果的な分析（ぶんせき）につながり，そこから情報を伝えるべき（**⑥**）が見えてくる。また，それに合った最適な方法についてさらに検討したりすることができる。

①	
②	
③	
④	
⑤	
⑥	

語群 インタビュー　　フィールドワーク
アンケート　　文書作成ソフトウェア
対象　　表計算ソフトウェア　　活用
実験　　論文　　レポート

⑥ 情報デザインの流れ【2】

✏️ 学習のまとめ

情報整理と要件定義のプロセスが企画のコンセプトを明確にするぞ

■ 要件を定義する

・情報デザインの（❶　　　　　）⇒「何をすれば問題解決ができるか」を考えて決めていく。

（❷　　　　　）	・誰に伝えるのか？ ⇒年齢層や性別，個々の趣味や行動範囲などといった枠組で考える。
（❸　　　　　）	・何のために伝えるのか？
（❹　　　　　）	・何を伝えるのか？
（❺　　　　　）	・どうやって伝えるか？

・（❻　　　　　）⇒伝えたい内容についての基本的なテーマやイメージ，考え方のこと。

■ 立案と企画書の作成

・アイデアの（❼　　　　）⇒（❶　　　　　）をもとに，どのように制作するか考える。

・（❽　　　　）⇒自分のイメージを整理し，制作する人の間で考えを（❾　　　　）するためにも役立つ。

■ ラフスケッチの作成

・（❿　　　　　　）⇒デザイン案を検討するために，配置などを簡単に描いたもの。アイデアを

（⓫　　　　　）し，情報のわかりやすさを確認したり，（⓬　　　　）したりするのに役立つ。

・（❿　　　　　　）は複数案を考え，周りから意見をもらって改善し，案を絞るとよい。

・（❽　　　　）にいっしょにつけておくとわかりやすい。

＋α ターゲットとペルソナ

情報を伝える対象者（ターゲット）については，「高校生・女子」のように，大きな属性で絞って設定することが多いが，最近では「○○在住の16歳の高校2年生で，アイドルの△△のファンで，SNSの□□で頻繁に情報発信を行っている」というような，より詳細なモデル設定をすることも増えている。このモデルをペルソナと呼んでいる。
ペルソナを設定することで，具体的な人物像を共有することができ，効果的な内容や方法を考えやすくなるメリットがあるとされている。

📖 キーワード

☑ 要件定義　☑ ターゲット　☑ コンセプト

☑ 企画書　☑ ラフスケッチ

企画書は，読んだ人にアイデアやコンセプトが伝わるように書こうね

1 Aさんは，インターネットやパソコンを使ったことのない高齢者を対象に，パソコン教室を開きたいと考えた。そのことを告知する方法として，下の❶～❺のうち適切なものには○を，そうでないものには×を解答欄に記入しなさい。

❶ 自分のSNSに，宣伝のためのつぶやきを毎日欠かさず投稿する。

❷ 専門情報が掲載される人気のコンピュータ雑誌に，広告を掲載する。

❸ フォントが大きめのチラシを作成して，地域の広報誌に折り込み配布する。

❹ 地域の公民館やスーパーにポスターを掲示してもらう。

❺ Webページで宣伝する。

①	
②	
③	
④	
⑤	

2 プログラミング同好会の活動を通して仲間を増やしたいBさんは，校内で配る宣伝チラシの企画書を，下のア～キの要素を盛り込んでまとめたいと考えている。これらの要素は，企画書を作成するために必要な項目❶～❺のうち，どれに該当するか。記号を解答欄に記入しなさい。

ア. プログラミングに関心のある生徒

イ. 仲間募集！情報高校プログラミング同好会

ウ. 一緒にプログラミングを学ぶ仲間を増やしたい

エ. 開催日時や場所

オ. コンピュータ教室前の廊下に置いておく

カ. 関心がありそうな生徒に渡す

キ. プログラミング同好会についての情報

① テーマ	
② ターゲット	
③ ねらい	
④ 盛り込む内容	
⑤ 伝える方法	

3 次の❶～❾について，ラフスケッチ作成の際のポイントとして正しいものには○を，そうでないものには×を解答欄に記入しなさい。

❶ 作成中に迷うことがあれば，最初に決めたコンセプトに立ち返って考えてみる。

❷ 要件定義やコンセプトに沿ったラフスケッチになっているか確認する。

❸ 文字情報よりも，絵や写真などのビジュアル要素を優先して作成するとよい。

❹ ターゲットを意識した配色についても，ラフスケッチの段階から考えるとよい。

❺ 躍動感を出したいときは，ジャンプ率を低めにしたデザインを考えるとよい。

❻ アイデアをしっかり固めるために，作成するラフスケッチの案は1種類にする。

❼ 流行している要素を取り入れていれば，コンセプトと多少違っていてもよい。

❽ 伝えたい文字情報はグループ化し，そろえて配置する。

❾ 視線移動を意識したデザイン・レイアウトにする。

①	
②	
③	
④	
⑤	
⑥	
⑦	
⑧	
⑨	

第2節 情報デザイン

⑦ 情報デザインの流れ【3】

✏️ 学習のまとめ

振り返り, 評価, 改善も大切な要素じゃよ

■ 発表と評価

・作品が完成したら, みんなの前で（❶　　　　）し, 第三者から（❷　　　　）してもらうとよい。

・（❷　　　　）するときは, あらかじめいくつかの観点を決めておくとよい。

・（❷　　　　）の目的は, 悪いところを指摘することではなく, よりよくするためのアイデアにつなげることである。

・ポスターに対する評価の観点の例

　・思わず立ち止まって見てしまうような（❸　　　　　　）があるか

　・必要な（❹　　　　）がきちんと伝わるか

　・（❺　　　　　　）に合った表現になっているか

　・（❻　　　　）は読みやすいか

　・効果的な（❼　　　　）がされているか

・自分なりにこだわったポイントや, 問題解決のために工夫したことは, 本当に人に伝わっているか, （❽　　　　）評価で得た意見を（❾　　　　）評価と結びつけて, （❿　　　　）する。

■ 改善と運用

・評価の結果を受けた（⓫　　　　）の作業を経て, 作品が完成したら, （⓬　　　　）する。

・情報収集の段階で運用するときの問題点がわかっていれば, それを改善する方法で実行する。

・次回の制作をよりよいものにするため, 運用後に（⓭　　　　　）もしておくとよい。

・（⓮　　　　　　　）⇒何かしらの計画を実行し, その評価を次の活動へ生かして問題解決につなげていく, 一連の流れのこと。

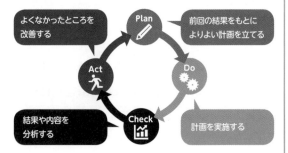

よくなかったところを改善する

Plan　前回の結果をもとによりよい計画を立てる

Act

Do

結果や内容を分析する

Check

計画を実施する

+α PDCA サイクル

Plan-Do-Check-Act の流れを繰り返すことで, 問題解決や, 仕事の効率化につながるとされている。Act は Action とされることもある。

📖 キーワード

☑ 発表　☑ 相互評価　☑ 自己評価　☑ 改善

☑ 運用　☑ PDCA サイクル

やみくもに頑張るだけじゃなくて, 順を追って考えたり検討したりすることが, 問題解決には必要なんだね

練習問題 ....

1 次の❶〜❹の PDCA サイクルの各段階について，対応する説明を右から選び，それぞれ線で結びなさい。

❶ Plan   ・   ・計画を実施（じっし）する

❷ Do   ・   ・よくなかったところを改善する

❸ Check ・   ・結果や内容を評価したり分析（ぶんせき）したりする

❹ Act   ・   ・前回の結果をもとによりよい計画を立てる

2 次のア〜オの文は，問題解決の一連の流れについて述べたものである。下の図を参考に正しい順番に並（か）べ替え，記号を解答欄（かいとうらん）に記入しなさい。

ア. 企画書（きかくしょ）を作成したりラフスケッチやプロトタイプを作成したりして，アイデアを固める。

イ. 制作したものが，要件定義に合っているか，情報デザインの観点から自己評価し，改善する。

ウ. KJ 法やブレーンストーミングなどを用いて，問題を発見し，情報デザインの対象とする。

エ. 取り上げた題材について情報を収集し，何をどのように伝えることで問題解決できるか考える。

オ. 実際に作成したものについての相互評価を生かし，再検討したのち，ふたたび実施につなげる。

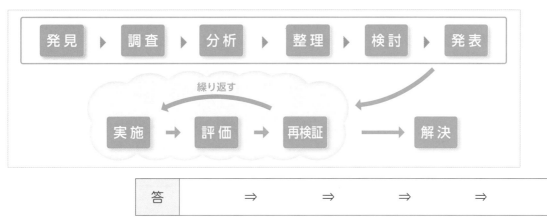

答	⇒	⇒	⇒	⇒

3 なぜ相互評価と振り返りが大切なのかを考え，下に記入しなさい。

ヒント 相互評価と振り返りによって，何が得られるかを考えてみよう。

① デジタルデータと２進法

第２章 コミュニケーションと情報デザイン

✏ 学習のまとめ

アナログとデジタルの違い，２進法，しっかり理解しておくとよいぞ

■ アナログとデジタル

・連続的に変化する量を，別の連続する量であらわす方式を（❶　　　　　），一定間隔に区切って数値で表現する方式を（❷　　　　　）という。

・デジタルデータのメリット

	アナログデータ	デジタルデータ
編集	書いたり消したりがたいへん	（❸　　　　　　　　　　）
複製	コピーを繰り返すと劣化する	（❹　　　　　　　　　　）
保存	それぞれに適したメディアが必要	（❺　　　　　　　　　　）
統合	文字・画像・音声・動画などが別々	異なる種類のデータを統合できる

■ ２進法による表現と情報量の単位

・わたしたちが普段使う（❻　　　　　　）に対し，コンピュータは０と１の（❼　　　　　　）でデータを処理する。プログラミングなどでは（❽　　　　　　）も用いられる。

・情報量の単位

単位	読み方	データ量・説明
bit	（❾　　　　　）	情報量の最小単位。０か１の２通りの状態をあらわすことが可能。
B	（❿　　　　　）	1B = 8bit。２の８乗＝ 256 通りの状態をあらわすことが可能。
KB	（⓫　　　　　）	1KB = 1024B
MB	（⓬　　　　　）	1MB =（⓭　　　　　）KB
GB	（⓮　　　　　）	1GB =（⓭　　　　　）MB
TB	（⓯　　　　　）	1TB =（⓭　　　　　）GB
PB	ペタバイト	1PB = 1024TB

📖 キーワード

☑ アナログ　☑ デジタル　☑ ２進法　☑ 10 進法　☑ ビット　☑ バイト

練習問題 ....

1 次の文の空欄❶〜❺に当てはまる語句を，下の語群からそれぞれ選び，解答欄に記入しなさい。

　　コンピュータは，情報を（❶）データで処理する。（❶）化とは，文字や音,画像,動画などの情報を（❷）で表現することである。（❶）データは，（❸）データに比べて，データの加工や編集が容易であり，複製しても（❹）しない。また1つの（❺）に，写真や音楽など異なる形式のファイルを保存できる。

語群 アナログ　　デジタル　　数値　　劣化　　記録メディア

①	
②	
③	
④	
⑤	

2 次の❶〜❽の2進法であらわされた数値をそれぞれ16進法と10進法に変換し，解答欄に記入しなさい。

❶ 1₍₂₎
❷ 111₍₂₎
❸ 1001₍₂₎
❹ 1110₍₂₎
❺ 10000₍₂₎
❻ 101010₍₂₎
❼ 11111111₍₂₎
❽ 10111100₍₂₎

	16進法	10進法		16進法	10進法
①			⑤		
②			⑥		
③			⑦		
④			⑧		

3 左「学習のまとめ」で完成させた「情報量の単位」の表を参考に，次の❶，❷の問いの答えを求めるための計算式と，その答えをそれぞれ解答欄に記入しなさい。

❶ 32GB は何 MB になるか。

①	計算式	答え	MB

❷ 32GB のメモリに1曲5MB の音楽データは約何曲ぶん保存できるか。

②	計算式	答え 約	曲

4 身近にあるものの中から，アナログ表現・デジタル表現の両方があるものを探し，それぞれの表現の特徴にどのような違いがあるか，下に書きなさい。

ものの名前	
アナログ表現の特徴	
デジタル表現の特徴	

② 文字・音のデジタル化のしくみ

学習のまとめ

まずは文字や音のデジタル化のしくみから見ていくかのう！

■ 文字のデジタル化

・コンピュータは，文字や記号に固有の番号を割り当てて，処理を行う。その固有の番号のことを，（❶　　　　　　）という。例として，英数字や記号を7ビットであらわした（❷　　　　　　）や，日本語用の JIS・シフト JIS コード，世界中で使われているすべての文字を扱うことを目的とした（❸　　　　　　）などがあげられる。ブラウザなどがこれらのコードを誤って認識すると意味不明な文字列が表示されることがある。これを（❹　　　　　　）という。

・文字は，（❶　　　　　　）と文字の書体を決める（❺　　　　　　）との組み合わせによって表示される。（❺　　　　　　）には，長い文章でも読みやすいと言われる（❻　　　　　　）や，見出しなどの目立たせたい箇所に使われることの多い（❼　　　　　　）などさまざまな種類がある。

■ 音のデジタル化

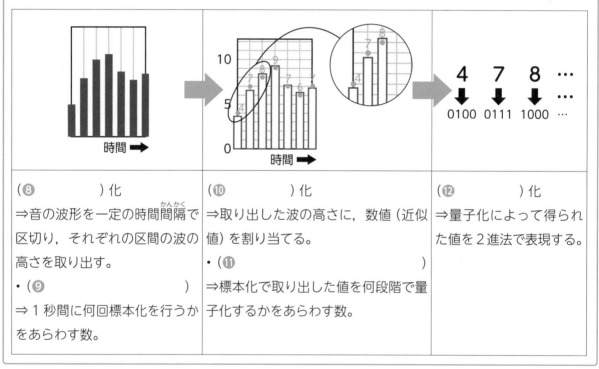

（❽　　　　　）化	（❿　　　　　）化	（⓬　　　　　）化
⇒音の波形を一定の時間間隔で区切り，それぞれの区間の波の高さを取り出す。 ・（❾　　　　　　　　　　） ⇒1秒間に何回標本化を行うかをあらわす数。	⇒取り出した波の高さに，数値（近似値）を割り当てる。 ・（⓫　　　　　　　　　　） ⇒標本化で取り出した値を何段階で量子化するかをあらわす数。	⇒量子化によって得られた値を2進法で表現する。

📖 キーワード

☑ 文字コード　☑ ASCII　☑ Unicode　☑ フォント　☑ 文字化け　☑ 周波数

☑ 標本化（サンプリング）　☑ 量子化　☑ 符号化　☑ サンプリング周波数

☑ 量子化ビット数

練習問題

1 右の文字コード表を参考に，次の**❶**〜**❹**について文字は 2 進法の数値に，2 進法の数値は文字にそれぞれ変換し，解答欄に記入しなさい。

❶ W

❷ ?

❸ 1101001

❹ 1000101

①	
②	
③	
④	

上位ビット

2進法		000	001	010	011	100	101	110	111
2進法	16進法	0	1	2	3	4	5	6	7
0000	0			(空白)	0	@	P	`	p
0001	1			!	1	A	Q	a	q
0010	2			"	2	B	R	b	r
0011	3			#	3	C	S	c	s
0100	4			$	4	D	T	d	t
0101	5			%	5	E	U	e	u
0110	6			&	6	F	V	f	v
0111	7			'	7	G	W	g	w
1000	8			(	8	H	X	h	x
1001	9			)	9	I	Y	i	y
1010	A			*	:	J	Z	j	z
1011	B			+	;	K	[	k	{
1100	C			,	<	L	\	l	|
1101	D			-	=	M	]	m	}
1110	E			.	>	N	^	n	~
1111	F			/	?	O	_	o	

下位ビット

2 次の**❶**〜**❸**が説明する，デジタル化の手順に当てはまる語句を答えなさい。また，**❶**〜**❸**の手順が正しい順序になるよう並べ替え，**❹**の欄に番号で記入しなさい。

❶ 波の高さに，決められた段階値を割り当てる

❷ 取り出した数値を 2 進法で表現する

❸ 音の波形を一定間隔で区切り，波の高さを取り出す

①	
②	
③	
④	⇒　　　　⇒

3 下のデータ量の求め方を参考に，サンプリング周波数 44100Hz，量子化ビット数 16 ビットのモノラル音声 10 秒のデータ量を求める計算式とその答えを書きなさい。(単位は KB，小数点以下四捨五入)

ヒント 16bit ＝ 2B。また，モノラルとは 1 チャンネルのこと。

> データ量 (B) ＝ サンプリング周波数 (Hz) × 量子化ビット数 (bit) ÷ 8 × 秒 × チャンネル数

計算式

答え　約　　　　KB

4 **1** の文字コード表を使って，ローマ字表記した自分の名前を 16 進法の数値に変換しなさい。

名前										
数値										

③ 画像のデジタル化のしくみ

🖊 学習のまとめ

続いて画像のデジタル化のしくみを学んでいくぞ

■ 画像のデジタル化（下の例はモノクロ画像の場合）

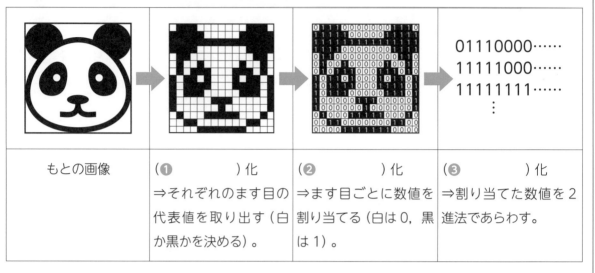

もとの画像	（❶　　　）化 ⇒それぞれのます目の代表値を取り出す（白か黒かを決める）。	（❷　　　）化 ⇒ます目ごとに数値を割り当てる（白は0，黒は1）。	（❸　　　）化 ⇒割り当てた数値を2進法であらわす。

■ カラー画像の表現

• カラー画像をデジタル化するときは，画像の色を（❹　　　）の（❺　　　　　　）に分解し，それぞれを（❶　　　）化・（❷　　　）化・（❸　　　）化する。（❺　　　　　　）に対し，印刷物では（❻　　　）の（❼　　　　　　）の組み合わせで色を表現する。

■ 画像のデジタル表現

• 画像は（❽　　　）という点の集合であらわされる。

•（❾　　　）とは画像の細かさの度合いのこと。単位はdpi。（❽　　　）の数が多いほどきめ細かな画像となる。

•（❿　　　）とは（❽　　　）の色の明暗の段階のこと。多いほどなめらかな色の表現が可能。

• 画像を点の集合で表現する形式を（⓫　　　　　　）といい，数式によって点や線を表現する形式を（⓬　　　　　　）という。

• 画像のファイル形式では一般に（⓭　　　　　　）やPNGといったものが使われる。

📖 キーワード

☑ 光の3原色（RGB）　☑ 色の3原色（CMY）　☑ 画素（ピクセル）　☑ 解像度

☑ 階調　☑ ラスタ画像　☑ ベクタ画像　☑ JPEG　☑ PNG

練習問題 ....

1 左下のイラストを 8 × 8 のます目状に区切り，それぞれのますに白い部分が多ければ「0」，黒い部分が多ければ「1」を，右側の空白のます目にイラストのます目と同じ位置になるよう記入しなさい。さらに，「1」の部分は塗りつぶしなさい。

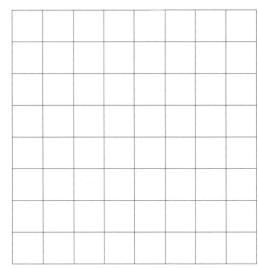

第 3 節　情報のデジタル化

2 次の文の空欄❶〜❹に当てはまる語句を下の語群から選び，解答欄に記入しなさい。

　　デジタル画像は（❶）という点の集合でできている。（❶）の数 ＝（❷）と，（❶）ごとの色の明暗の段階である（❸）が多くなるほど，その画像はきめ細かく，きれいになる。しかしそのぶん，データ量は（❹）なる。

語群	階調	セル	色素	ラスタ	ベクタ	画素
	標本化	解像度	量子化	小さく	大きく	

①	
②	
③	
④	

3 下の画像のデータ量の求め方を参考に，600 × 1200 画素，RGB カラー，256 階調（8 ビット）の画像のデータ量を求める計算式とその答えを書きなさい。（単位・KB，小数点以下四捨五入）

ヒント 8 ビット ＝ 1 バイト。また，「3」は色の数が「R」「G」「B」で 3 色あるということ。

> 画像のデータ量（B）＝ 縦の画素数 × 横の画素数 × 3（RGB）× 階調（bit）÷ 8

計算式

　　　　　　　　　　　　　　　　　　　　　答え　約　　　　　KB

④ 動画のデジタル化のしくみ

✏️ 学習のまとめ

動画のデジタル化はパラパラ漫画を考えるとイメージしやすいじゃろ？

■ 動画のしくみ

- 動画はわずかに異なる静止画像を短い時間間隔で切り替えることで，動いているように見せている。
- 動画を構成する静止画像を（❶　　　　　　）といい，1秒あたりの（❶　　　　　　）数のことを
  （❷　　　　　　　　）という。単位は fps。
- （❷　　　　　　　　）が高いと，よりなめらかな動
  きになる。

パラパラ漫画は，ページを送る速度を速めれば，よりなめらかな動きに見えるんだね！

■ 動画のデータ量

- 圧縮していない動画のデータ量は，1コマのデータ量に（❶　　　　　　）数を乗じると求められる。
  たとえば，1コマ2MBの静止画が1秒あたり30枚切り替わるようにつくった10秒間の動画の
  場合，データ量を求める計算式は（❸　　　　　　　　　　）となり，データ量は（❹　　　　）
  MBとなる。

■ 動画の圧縮

- （❺　　　　　　　　）⇒1枚1枚の静止画像を圧縮する方法。
- （❻　　　　　　　　）⇒フレーム間の変化した部分＝（❼　　　　　）だけを記録する方法。

■ 動画の圧縮技術とコーデック

- 動画はデータ量が大きいため，圧縮する必要がある。動画を圧縮したり，元に戻したりするしくみ
  を（❽　　　　　　　　）という。おもなものに，MPEG-2やMPEG-4，DivXなどがある。
- 動画を再生するには，各コーデックに対応したソフトウェアが必要。
- データをダウンロードしながら同時に音声や映像を再生する方式を（❾　　　　　　　　　　）という。

📖 キーワード

- ☑ フレームレート　☑ フレーム内圧縮　☑ フレーム間圧縮　☑ コーデック
- ☑ ストリーミング

1 次の❶～❹の説明に当てはまる語句を，それぞれ解答欄に記入しなさい。

❶ 1秒あたりの動画のフレーム数のこと。単位は fps。

❷ フレーム間の変化した部分だけを記録して圧縮する方法。

❸ データをダウンロードしながら，同時に映像データを再生する方式。

❹ 動画を圧縮したり元に戻したりするためのしくみ。

①	
②	
③	
④	

2 次の❶～❹について，その内容が正しければ○を，誤っていれば×を解答欄に記入しなさい。

❶ 動画は1秒あたりのフレーム数が少ないほど，なめらかな動きの動画となる。

❷ 一般にテレビやビデオの1秒間のフレーム数は 30 ～ 60fps 程度とされている。

❸ 圧縮していない動画のデータ量は，画像や音に比べると非常に大きい。

❹ インターネットでの動画の普及は，通信速度の向上だけが大きな要因である。

①	
②	
③	
④	

3 次の❶，❷のデータ量を求める計算式と，その答えを書きなさい。

❶ 640 × 480 ピクセル，RGB それぞれ 8 ビットの画像のデータ量を求めなさい。（単位・KB）

ヒント P.43 **3** の「画像のデータ量」を求める式を使おう。

計算式

答え　　　　　KB

❷ 上の❶で求めた画像を使った動画（フレームレート 30fps，長さ 10 秒）の動画全体のデータ量を，下の計算式を参考に求めなさい。（単位・MB，小数点以下四捨五入）

> 動画のデータ量 ＝ 1 コマのデータ量 × フレーム数
> ※動画のフレーム数 ＝ フレームレート（1 秒当たりのフレームの枚数）× 秒

計算式

答え　約　　　　　MB

⑤ 圧縮のしくみ

✏ 学習のまとめ

> データの種類や目的によって圧縮の方法も異なるのじゃよ

■ データの圧縮

- (❶　　　　　) ⇒ 必要な情報を失わずに，データ量を小さくすること。
- (❷　　　　　) ⇒ (❶　　　　) されたデータをもとの状態に戻すこと。

(❸　　　　　) ⇒もとの情報に完全に復元できる	
(❹　　　　　) ⇒もとの情報に完全には戻せない 　圧縮率は高い	

- プログラムなど，データが欠損すると困るものには (❸　　　　　) を用いる。

■ 可逆圧縮のしくみ

- 可逆圧縮の (❺　　　　　　　　) では，同じデータの連続部分に注目して (❶　　　　) する。

■ 音声データの圧縮

圧縮有	(❻　　　　　)	音質を落とさずに，ファイルサイズを 1/10 程度にできる。
	AAC	MP3 と同程度の音質で，圧縮率はやや高い。
	(❼　　　　　)	著作権を保護する機能を備え，音楽配信に利用される。
圧縮無	(❽　　　　　)	Windows の音声ファイルフォーマット。
	AIFF	Mac の音声ファイルフォーマット。

■ データの圧縮率

- 圧縮率は「(❾　　　　　　　　) ÷ (❿　　　　　　　　　　) × 100」で求められる。

📖 キーワード

☑ 圧縮　☑ 展開　☑ 可逆圧縮　☑ 非可逆圧縮　☑ ランレングス法　☑ MP3　☑ 圧縮率

1 次の文の空欄❶～❺に当てはまる語句を下の語群から選び，解答欄に記入しなさい。

　写真や動画や音声はそのままではデータ量が大きく，ネットワークを通じてデータをやり取りするには，データ量を小さくする（❶）技術が必要となる。（❶）には，元のデータに完全に戻すことのできる（❷），戻すことのできない（❸）がある。画像データでいえば，（❹）は（❷），（❺）は（❸）の圧縮方式である。

①	
②	
③	
④	
⑤	

語群 非可逆圧縮　　可逆圧縮　　JPEG　　PNG　　圧縮

2 次の❶～❸のデータをそれぞれランレングス法で圧縮・展開した場合，どのような結果になるか。解答欄に記入しなさい。

❶ AAABBBBBCC（圧縮する）

❷ ABACABA（圧縮する）

❸ B1C6A4（展開する）

①	
②	
③	

3 5MB（5120KB）を512KBに圧縮した時の圧縮率を求める計算式と，その答えを書きなさい。

計算式

答え　　　　　％

4 ペイントソフトウェアで縦縞模様を作成しBMP形式で保存したものを，今度は90度回転させて横縞模様にし，同じくBMP形式で別ファイルとして保存した。さらに，2つのファイルを今度はPNGファイルで保存（圧縮）した。これら4つのファイルのサイズを確認したところ，いくつかに違いがあった。各ファイルのサイズにそのような違いが出るのはなぜか考えて，下に記入しなさい。

ヒント 実際に同じようにやってみて，まずそれぞれのファイルサイズを確認してみよう。今まで学んできたそれらのファイル形式の特徴から，何かヒントになるものがないか調べてみよう。

1 次の文は，コミュニケーション手段の発達について述べたものである。❶〜❹に当てはまる語句をそれぞれア，イ，ウから1つずつ選び，記号で解答欄に記入しなさい。(2点×4)

　　15世紀のなかば，(❶ **ア**. 紙　**イ**. 活版印刷　**ウ**. 蒸気機関) の発明によって，それまで手書きや口述で伝えられてきた知識や思想が多くの人の手に渡るようになった。そして19世紀の無線電信技術の発明はその後，20世紀に (❷ **ア**. マスコミュニケーション　**イ**. 無線LAN　**ウ**. 郵便事業) へと発展し，大勢の人たちへの広範囲な情報伝達を可能とした。

　　近年は，世界中のコンピュータネットワークを接続した (❸ **ア**. SNS　**イ**. インターネット　**ウ**. スマートフォン) を中心として，(❹ **ア**. WWW　**イ**. ICT　**ウ**. LAN) と総称される多種多様な技術が次々に登場し，情報の流通量，範囲，速度をますます高めている。

①	
②	
③	
④	

2 次の図は，時間と人数に注目したコミュニケーションの形態と特性について，例を示したものである。それぞれの形態と特性をあらわす❶〜❹に当てはまる語句を，解答欄に記入しなさい。(2点×4)

❶×❸	❷×❸	❶×❹	❷×❹
電話・ビデオ電話・チャットなど	手紙・電子メールなど	テレビの生中継・ライブ配信など	SNS・動画共有サイトなど

①	
②	
③	
④	

3 次のア〜オは，ポスターのデザインを考える際のポイントについて述べたものである。解答欄❶〜❹に示された語句の説明として当てはまるものを，記号で解答欄に記入しなさい。(2点×4)

ア. 普通，文字が縦組の場合は右上から左下に，横組の場合は左上から右下に動く。

イ. 組み合わせに気をつけながら，イメージに合った色を選ぶ。

ウ. 多くの種類を使わず，強調したい場所にゴシック体を使うなどする。

エ. 本文と見出しの文字の大きさの比率。これが大きいと躍動感が出る。

オ. 基本は「そろえること」。配置や余白を適切に調整する。

① 視線移動	
② フォント	
③ レイアウト	
④ ジャンプ率	

4 情報量をあらわす単位について，次の❶，❷の問いに答えなさい。(5点×2，ただし❶は完答5点)

❶ 下の語群にある5つの接頭語を，小→大の順に並ぶように，解答欄に記入しなさい。

❷ 1メガバイトは，1ギガバイトの何分の1に相当するか。ただし，1キロバイトは1024バイトとする。

語群	キロ　ギガ　テラ　ペタ　メガ

①	キロ→　　　→　　　→　　　→
②	

5 次の文と表は，10進法と2進法について述べたものである。空欄❶〜❺に当てはまる数字を解答欄に記入しなさい。(4点×5)

　わたしたちが普段使っている10進法とは「0〜9の10種類の記号を使って，数値を表現する方法」のことであるが，それに対し，2進法とは「（❶）と（❷）の2種類の記号を使って数値を表現する方法」のことをさす。10進法・2進法それぞれの数のあらわし方は，下の表で示す例の通りである。

	10進法の 12		2進法の 110		
	1	2	1	1	0
位	$10^1=10$	$10^0=$（❸）	$2^2=$（❹）	$2^1=2$	$2^0=1$
10進法	$1×10^1+2×10^0=12$		$1×2^2+1×2^1+0×2^0=$（❺）		

①	
②	
③	
④	
⑤	

6 次の❶〜❹に書かれたア〜ウの数値のうち，最も大きいものを記号で解答欄に記入しなさい。(5点×4)

❶ **ア**. 10進法の 20　　**イ**. 16進法の 20　　**ウ**. 2進法の 1000000

❷ **ア**. 10進法の 3　　**イ**. 16進法の 2　　**ウ**. 2進法の 1

❸ **ア**. 10進法の 30　　**イ**. 16進法の 1F　　**ウ**. 2進法の 11101

❹ **ア**. 10進法の 254　　**イ**. 16進法の FE　　**ウ**. 2進法の 11111111

①	
②	
③	
④	

7 次の❶〜❸は，音のデジタル化の手順について述べたものである。それぞれの文が示す手順の名称を漢字3文字で解答欄に記入しなさい。また，❶〜❸を手順通りに並び替え，解答欄❹に記入しなさい。

(5点×4)

❶ 得られた値を，2進法で表現する。

❷ アナログ信号の時間軸に沿って，一定の間隔で代表値を取り出す。

❸ 得られた値を，あらかじめ定められた目盛りに最も近い値に割り当てる。

①			
②			
③			
④	→	→	

8 次の文は，動画表現について述べたものである。空欄❶〜❸に当てはまる語句を語群より選び，記号を解答欄に記入しなさい。(2点×3)

　動画は，複数の静止画像を連続して同じ場所に表示することで動いているように見せている。この静止画像1コマ1コマのことを（❶）という。また，1秒間に表示される（❶）数を（❷）といい，（❸）という単位で示す。

> **語群**　ア. フレーム　　イ. フレームレート　　ウ. bps
> エ. 解像度　　オ. fps　　カ. dpi

①	
②	
③	

① コンピュータの基本的な構成

✎ 学習のまとめ

情報機器は，そのしくみを知ると
さらに便利に使えるようになるぞ

■ コンピュータとは

- (❶　　　　　　　　) は，スマートフォンなどの情報機器や身のまわりの多くの家電に搭載され，情報の処理や機器の動作のコントロールを行っている。

- (❶　　　　　　　) は (❷　　　　　　　) と (❸　　　　　　　) から構成されている。

■ ハードウェア

- (❷　　　　　　　) ⇒ (❶　　　　　　　) を構成する部品や装置のこと。

名称	担っている機能
(❹　　　　　　　)：中央演算処理装置	(❺　　　　　　　)
(❻　　　　　　　)：主記憶装置，ハードディスク：補助記憶装置	(❼　　　　　　　)
キーボード，マウス，ディスプレイ，プリンタ　など	(❽　　　　　　　)

- (❶　　　　　　　) の本体と周辺機器とを接続する規格には，(❾　　　　) や (❿　　　　) などがある。

■ ソフトウェア

- (❸　　　　　　　) ⇒ (❶　　　　　　　) を動かすための命令が書かれたプログラムの総称。

名称	説明
(⓫　　　　　　　) ：応用ソフトウェア	文書作成ソフトやスマートフォンのアプリなど，作業の目的によって使用される。
(⓬　　　　　　　) ：基本ソフトウェア	コンピュータを動作させるための基本的なはたらきを担う。ハードウェアとアプリケーションの橋渡し役。

📖 キーワード

- ☑ コンピュータ　☑ ハードウェア　☑ CPU　☑ メインメモリ　☑ ハードディスク
- ☑ 演算・制御　☑ 記憶　☑ 入力・出力　☑ USB　☑ HDMI　☑ ソフトウェア
- ☑ OS (基本ソフトウェア)　☑ アプリケーションソフトウェア (応用ソフトウェア)

練習問題 ···

1 次の❶〜❹の機器・装置の役割について当てはまるものを，ア．演算・制御，イ．記憶，ウ．入力・出力　から選び，記号をカッコ内に記入しなさい。

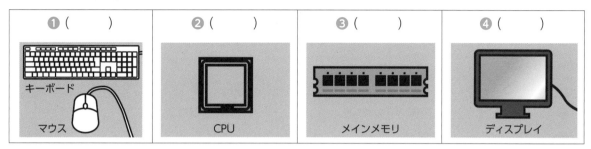

❶ (　　　)	❷ (　　　)	❸ (　　　)	❹ (　　　)
キーボード マウス	CPU	メインメモリ	ディスプレイ

2 次の文の空欄❶〜❿に入る適語を，下の語群から選び，解答欄にそれぞれ記入しなさい。

コンピュータは，それを構成する部品や装置の (❶) と，それらを動かすプログラムである (❷) からなっている。

(❶) は，(❸) の機能を担う CPU [(❹)]，(❺) の機能を担うメインメモリ [(❻)] やハードディスク [(❼)]，そして (❽) の機能を担うプリンタやディスプレイなどの周辺機器をさす。

(❷) は「基本ソフトウェア」と呼ばれる (❾) と，「応用ソフトウェア」と呼ばれるアプリケーションソフトウェアからなっている。必要な機能は，アプリケーションソフトウェアを追加で (❿) すればよい。ただし，それぞれの (❾) に対応したアプリケーションソフトウェアを (❿) する必要がある。

なお，スマートフォンの「アプリ」とは，アプリケーションソフトウェアの略である。同じ (❾) であれば，機種が異なるスマートフォンでも，同じアプリが使用できる。

①	
②	
③	
④	
⑤	
⑥	
⑦	
⑧	
⑨	
⑩	

語群 OS　ソフトウェア　ハードウェア　入力・出力　演算・制御　記憶
インストール　主記憶装置　補助記憶装置　中央演算処理装置

3 普段スマートフォンで利用しているアプリについて，便利と感じるところをまとめなさい。

アプリの名称	便利なところ

② CPUとメインメモリ

✏️ 学習のまとめ

> コンピュータの中にぎっしり詰まった部品がお互いに連携して動くんじゃ

■ コンピュータの中身を見てみよう

- (**❶**⠀⠀⠀⠀⠀) ⇒コンピュータの内部にある電子回路基板。さまざまなハードウェアがつながれている。
- (**❷**⠀⠀⠀⠀⠀) ⇒プログラムやデータを一時的に保存し (**❸**⠀⠀⠀⠀) とやり取りを行う。
- (**❷**⠀⠀⠀⠀⠀) の容量が少ないと，コンピュータの作業効率は落ちる。
- (**❷**⠀⠀⠀⠀⠀) に保存されたデータは電源を切ると消えるが，(**❹**⠀⠀⠀⠀⠀⠀) のデータは電源を切っても残る。

■ プログラムの実行と処理のしくみ

| 2 | プログラムやデータの読み出し |
| 1 | プログラムやデータの読み出し |

| 中央演算処理装置 (**❸**⠀⠀⠀⠀) | 主記憶装置 (**❷**⠀⠀⠀⠀) | (**❺**⠀⠀⠀⠀) ハードディスクなど |

3	実行・処理
4	処理結果
5	保存が必要なデータ

■ CPU とは

- (**❸**⠀⠀⠀⠀) はコンピュータの頭脳に当たり，コンピュータにおける中心的な役割を担う。

CPU の構成	担っている機能
(**❻**⠀⠀⠀⠀)	メインメモリから読み込んだ命令の解釈や演算の指示，データの入力・出力を行う。
(**❼**⠀⠀⠀⠀)	(**❻**⠀⠀⠀⠀) からの命令に従って演算を行う。
(**❽**⠀⠀⠀⠀)	処理中のデータを一時的に記憶する。

📖 キーワード

☑ マザーボード　☑ 制御部（せいぎょ）　☑ 演算部　☑ レジスタ　☑ 中央演算処理装置

☑ 主記憶装置　☑ 補助記憶装置

1 次の文は，コンピュータ内部のはたらきについて述べたものである。空欄❶～❺に当てはまる語
句を，解答欄へ記入しなさい。

　プログラムはいったん（❶）から（❷）に読み出され，それを
コンピュータの頭脳に当たる中央演算処理装置（CPU）が処理す
る。CPU は，（❷）から読み込んだプログラムの命令を（❸）で解釈
し，その処理や実行を（❹）に指示する。そこで得られた処理結果は，
ふたたび（❸）からの指示によって（❷）へ書き出される。（❷）に書
き出されたデータは，コンピュータの電源を切ると（❺）。保存が
必要なデータは（❶）に送られ保存される。

①	
②	
③	
④	
⑤	

2 学校で使っているパソコンの CPU，メインメモリ，補助記憶装置（ハードディスクなど）につい
て調べたことを，下にそれぞれ記入しなさい。

ヒント パソコンの機種によっては，別の名称で表示されていることもある。表示は違っていても，
同じはたらきをするものに着目しよう。

CPU	メインメモリ	補助記憶装置

3 CPU に関係する用語のうち❶動作周波数（クロック数），❷マルチコア，❸キャッシュメモリ
について，インターネットで調べ，わかったことを下にそれぞれ記入しなさい。

① 動作周波数（クロック数）	
② マルチコア	
③ キャッシュメモリ	

③ CPUの演算のしくみ【1】

📝 学習のまとめ

> 2進法のことは2章で学んだのう 覚えておるかの？

第3章 コンピュータとプログラミング

■ コンピュータが扱えるのは0と1だけ

- CPU には非常に小さな（❶　　　　　　）が大量に並べられている。CPU はそれらの大量の（❶　　　　　　）があらわす ON と OFF の（❷　　　　　）の組み合わせで，複雑な情報の処理を高速で行っている。
- CPU に計算処理をさせたいときは，ON と OFF をそれぞれ数値の（❸　　　）と（❹　　　）に対応させた（❺　　　　　）で命令する必要がある。

■ CPU が行う演算の種類

- （❻　　　　　　）⇒真＝（❸　　　　）か，偽＝（❹　　　　）かであらわされる演算。
- （❼　　　　　　）⇒計算によって数値を求める演算。計算結果を出力する。

■ 論理回路と真理値表

- （❽　　　　　　）⇒論理演算を行う電子回路。以下の 3 つの組み合わせで，複雑な演算をすることができる。

	回路図	記号	（❾　　　　　）	ベン図
（❿　　　　　） : 論理積回路	A B X	A B —X	$X = A \cdot B$	A B
（⓫　　　　　） : 論理和回路	A B X	A B —X	$X = A + B$	A B
（⓬　　　　　） : 否定回路	A X	A ▷o—X	$X = \overline{A}$	A

- （⓭　　　　　　）⇒論理回路のすべての入出力の結果を表にしたもの。

📖 キーワード

☑ スイッチ　☑ ON　☑ OFF　☑ 機械語　☑ 真(1)　☑ 偽(0)　☑ 論理演算

☑ 算術演算　☑ 論理式　☑ 論理回路　☑ AND 回路（論理積回路）

☑ OR 回路（論理和回路）　☑ NOT 回路（否定回路）　☑ 真理値表

練習問題 ....

1 2進法1桁では0と1の2通りの状態をあらわすことができる。では，❶2桁，❷4桁，❸8桁では何通りの状態をあらわすことができるか。解答欄にそれぞれ記入しなさい。

①	通り	②	通り	③	通り

2 次の❶〜❸はCPUが行う論理演算の結果について述べたものである。それぞれの結果に当てはまる論理回路の名称を，解答欄に記入しなさい。

❶ どちらも真のときだけ真

❷ どちらかが真のときに真

❸ 真であれば偽，偽であれば真

①	
②	
③	

3 次の記号で示された❶〜❺の回路における真理値表を完成させなさい。

❶

A	B	X
0	0	
0	1	
1	0	
1	1	

❷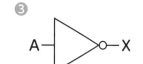

A	B	X
0	0	
0	1	
1	0	
1	1	

❸

A —▷o— X

A	X
0	
1	

❹

入力		出力
A	B	X
0	0	
0	1	
1	0	
1	1	

❺

入力		出力
A	B	X
0	0	
0	1	
1	0	
1	1	

④ CPUの演算のしくみ【2】

学習のまとめ

計算する時はビットの幅に注意するのじゃよ

第3章 コンピュータとプログラミング

■ 算術演算

・足し算・掛け算のような数値の計算のことを（❶　　　　　　）という。人間は10進法で，CPUは2進法で（❶　　　　　　）を行う。

・2進法の計算は，基本的には10進法の計算とやり方は変わらない。

2進法の足し算		2進法の掛け算	
10進法	2進法	10進法	2進法
5	0101	5	0101
+ 6	+0110	× 6	×0110
1 1	（❷　　　　　）	3 0	0
			1 0 1
			1 0 1
			0
			（❸　　　　　）

・10進法と2進法で計算の結果が違って見えても，あらわす意味は同じである。

・算術演算の答えは数値であらわされ，論理演算の答えは真（1）か偽（0）の2通りであらわされる。たとえば2進法の場合，1＋1の算術和は10になるが，論理和だと答えは1（真）である。

■ コンピュータが扱える値の範囲と誤差

・CPUは一度に扱うことができるビット数が決まっており，そのビット数によってCPUが扱える値の上限が決まる。たとえば8ビットであれば，2進法の（❹　　　　　　），10進法の（❺　　　　）が上限となる。

・計算内容によっては，正確な数値との差が生じることがある。これを（❻　　　　　）といい，CPUで扱えるビット数を超えることによって生じる（❼　　　　　　　　　）や，円周率や循環小数などを近似値で示すときの（❽　　　　　　）などがその例にあげられる。

 キーワード

☑算術演算　☑誤差　☑オーバーフロー　☑丸め誤差

1 次の❶～❸の足し算を2進法で計算しなさい。

❶	❷	❸
0 1	1 0 0	1 0 1 0 1
＋1 0	＋1 1 1	＋1 0 0 1 1

2 次の❶～❸の掛け算を2進法で計算しなさい。また，計算の経過も記入しなさい。

❶	❷	❸
1 1	1 1 1	1 0 1 0
×1 0	×0 1 1	×1 0 0 1

3 次の❶～❸の問題に答えなさい。

❶ 10進法の8は何ビットあれば表現できるか。解答欄に記入しなさい。

ヒント 10進法の8を2進法に変換し，その桁数をカウントしよう。

①		ビット

❷ 8ビットで表現できる数は，10進法で0からいくつまでか。解答欄に記入しなさい。

ヒント ビットは2進法の「桁」に当たることを思い出そう。

②	

❸ 10進法3×7を2進法で計算するためには何ビット必要か。解答欄に記入しなさい。

③		ビット

+α 桁のシフトと進数の関係

数の桁を左右にずらすことを「シフトする」という。10進法の123を左に1桁シフトして1230，2桁シフトして12300にすると，それぞれもとの数の10倍（10^1），100倍（10^2）になる。同じように，2進法であらわした数値101（10進法の5）を左に1桁シフトすれば1010（10進法の10），2桁シフトすれば10100（10進法の20）と，それぞれ2倍（2^1），4倍（2^2）になる。

第1節

コンピュータのしくみ

① ものごとの手順とアルゴリズム

第3章 コンピュータとプログラミング

📝 学習のまとめ

> アルゴリズムによって効率に差が出てくるのじゃ

■ アルゴリズムとは

- 問題解決をするための処理手順のことを（❶　　　　　）という。コンピュータは，決められた（❶　　　　　）の通りに（❷　　　　）を実行する。効率よく結果を出すためには，条件や目的に合い，かつ，簡潔でわかりやすい手順を考えることが重要である。

■ アルゴリズムの例

- たとえば，もっとも基本的なデータの探索方法に（❸　　　　　）と（❹　　　　　）がある。それぞれの（❶　　　　　）の特徴は，25と書かれたカードを探すことを例に，以下のように説明できる。

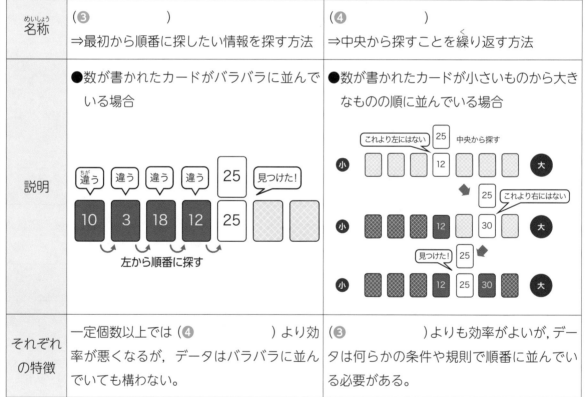

名称	（❸　　　　）⇒最初から順番に探したい情報を探す方法	（❹　　　　）⇒中央から探すことを繰り返す方法
説明	●数が書かれたカードがバラバラに並んでいる場合　違う 違う 違う 違う 25 見つけた！ 10 3 18 12 25　左から順番に探す	●数が書かれたカードが小さいものから大きなものの順に並んでいる場合
それぞれの特徴	一定個数以上では（❹　　　）より効率が悪くなるが，データはバラバラに並んでいても構わない。	（❸　　　）よりも効率がよいが，データは何らかの条件や規則で順番に並んでいる必要がある。

- （❺　　　）⇒小さいものから大きいものの順に並んでいること。
- （❻　　　）⇒大きいものから小さいものの順に並んでいること。

📖 キーワード

☑ アルゴリズム　☑ 線形探索　☑ 二分探索　☑ 昇順　☑ 降順

1 1本のキュウリから輪切りをつくるアルゴリズムとして，下のAとBの2つを考えた。作業の効率がよいのはA，Bのどちらか，解答欄に記入しなさい。また，その理由も書きなさい。

アルゴリズム A	アルゴリズム B
①キュウリを洗う。	①キュウリを洗う。
②キュウリのへたを落とす（両端）。	②キュウリのへたを落とす（両端）。
③輪切りにする。	③キュウリを半分に切る。
	④半分にしたキュウリを並べる。
	⑤並べた2本をいっしょに輪切りにする。

効率のよい方
その理由

2 次の❶〜❹のような場合，ア．線形探索　イ．二分探索　のどちらが適しているか。それぞれ記号で答えなさい。

❶ 英和辞書を使って，ある単語の意味を調べる。

❷ よく交ぜ裏返して一列に並べたトランプの中から，目的のカードを探す。

❸ 差出人をあいうえお順で整理した年賀状の束から，田中さんにもらった年賀状を探す。

❹ バラバラに集めたクラス人数分のノートの中から，自分のノートを探す。

①	
②	
③	
④	

3 「学校に行く日，朝起きてから家を出るまで」の作業の手順を箇条書きにしなさい。

書いた手順を読み返して，効率についても考えてみよう！

第2節 アルゴリズムとプログラム

② アルゴリズムを図式化してみよう

🖊 学習のまとめ

> フローチャートも2章で学んだ「可視化」の例じゃのう

■ アルゴリズムとフローチャート

・アルゴリズムを図式化する方法には，それぞれのステップをあらわす記号を線や矢印で結んで流れを可視化する（❶　　　　　　　　　　）や，並列処理を表現できる（❷　　　　　　　　　　）などがある。

・フローチャートで用いられるおもな記号

記号	名称	意味
⬭	端子	（❸　　　　　　　　　　　）
▱	（❹　　　　　）	データ入力や出力
⬠	手操作入力	キーボードなどによるデータ入力
▭	（❺　　　　　）	演算などの処理
◇	（❻　　　　　）	条件による分岐
⬭	（❼　　　　　）	反復のはじまりと終わり
—	線	データや制御の流れ

■ アルゴリズムの基本構造

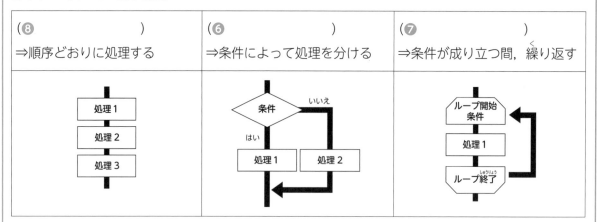

（❽　　　　　　　）	（❻　　　　　　　）	（❼　　　　　　　）
⇒順序どおりに処理する	⇒条件によって処理を分ける	⇒条件が成り立つ間，繰り返す

・どのような複雑なプログラムでも，これら３つの基本構造を用いて組み立てることができる。

📖 キーワード

☑ フローチャート　☑ アクティビティ図　☑ 順次　☑ 分岐　☑ 反復（ループ）

練習問題 ‥‥

1 次の❶〜❹のステップをフローチャートであらわす場合，それぞれに用いられる記号を，解答欄
に描きなさい。また，その名称も記入しなさい。

❶ 朝6時時点の天気によって，運動会の準備か，
   授業の準備かを切り替える。

❷ 体温を測定する。

❸ 卵白が泡立つまで繰り返しかき回す。

❹ 支払金額を表示する。

	記号	名称
①		
②		
③		
④		

 普段の生活の中にもフローチャートに
できる手順がありそうだね！

2 次のフローチャートは，ユーザが入力したパスワードが正しければ「ログインできました」と表
示し，正しくなければ最初の入力に戻るプログラムの処理手順をあらわしたものである。空欄
❶〜❼に入る手順を右枠 A〜G から選び，記号を解答欄に記入しなさい。

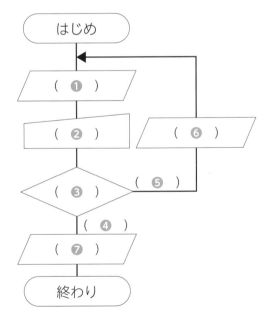

A. はい
B. いいえ
C. パスワード入力
D. パスワードを入力してくださいと表示
E. ログインできませんでしたと表示
F. ログインできましたと表示
G. パスワードは正しいか？

①		②		③		④	
⑤		⑥		⑦			

アルゴリズムが図式化されていると処理
の流れがわかりやすいね

③ プログラムとプログラミング言語

学習のまとめ

コンピュータへの命令をプログラミング言語で表現したものがプログラムじゃ

第3章 コンピュータとプログラミング

■ プログラムとデータ

・コンピュータにさせたい処理の内容や手順（アルゴリズム）を記述したものを（❶　　　　　　　　）という。

・（❶　　　　　　　　）は，アルゴリズムをもとに（❷　　　　　　）を処理する。

・（❷　　　　　　）の形には，数値，文字，画像，音声，映像などがある。

■ 身近なプログラムの例（エアコン）

```
設定温度に保つプログラム
int tmp_ctrl() {
    set_temperature=25;
    current_temperature=get_sensor();
    if(current_temperature>set_temperature+2) {
        turn_on();
    } else {
        turn_off();
    }
    return 0;
}
```

基準温度を 25℃に設定

センサから今の温度のデータを得る

もし，今の温度が設定よりも 2℃高ければ

冷房にする

そうでなければ

冷房を停止する

■ プログラミング言語とその用途

・（❸　　　　　　　　　　　　）⇒プログラムを記述する際に用いる言語。Python，C，JavaScript，マクロ言語など，目的や用途によって，さまざまな種類の言語が使用されている。

■ コンパイラとインタプリタ

・（❹　　　　　　　　　）⇒プログラミング言語で書かれたプログラム。CPU は直接実行できない。

・（❺　　　　　　　）⇒（❹　　　　　　　　　）全体を CPU が実行することができるよう，機械語に翻訳する。

・（❻　　　　　　　　）⇒機械語に一括して翻訳することなく，（❹　　　　　　　　　）の1行1行を順次解釈しながらプログラムを実行する。

キーワード

☑ プログラム　☑ データ　☑ プログラミング言語　☑ ソースコード　☑ コンパイラ

☑ インタプリタ

1 次の文の空欄❶〜❺に入る適語を解答欄に記入しなさい。

コンピュータにさせたい処理の内容や手順を記述したものを（❶）といい，（❷）で記述する。（❷）で書かれた（❶）を（❸）という。しかしCPUはこの（❸）を直接実行することができない。そのため，（❹）や（❺）と呼ばれる言語処理プログラムが必要になる。

①	
②	
③	
④	
⑤	

2 次の❶〜❹のプログラミング言語と，それらがよく使われている用途について，正しい組み合わせになるよう点と点を線で結びなさい。

❶ Python　　　　　•　　　　　•　　表計算処理の自動化など

❷ マクロ言語　　　•　　　　　•　　電気製品や産業用ロボットの制御など

❸ JavaScript　　　•　　　　　•　　AI の開発など

❹ C　　　　　　　•　　　　　•　　動きのある Web の開発など

3 いろいろなプログラミング言語の中から1つ選び，その特徴を調べて書きなさい。

言語名	おもな用途	特徴

4 コンピュータが内蔵されている身近な製品の機能をひとつ取り上げ，それがどのようなプログラムで動いているかを，教科書 P.76 のアルゴリズムを参考に，箇条書きで書きなさい。

④ プログラムの構造

📝 学習のまとめ

> 順次，分岐，反復の意味を思い出しながらScratchのブロックを見るのじゃ

■ プログラムを見てみよう

• (❶　　　　　　　　)⇒プログラミング言語の1つ。用意されているブロックを組み合わせることで，プログラムを作成することができる。

• 左下のフローチャートで示されたプログラムをブロックを使ってあらわすと以下のようになる。

フローチャート	Scratchによるプログラム
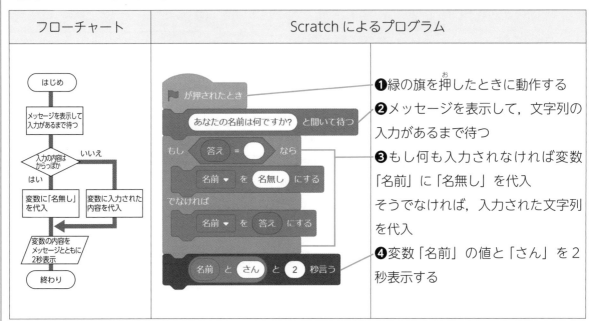	❶緑の旗を押したときに動作する ❷メッセージを表示して，文字列の入力があるまで待つ ❸もし何も入力されなければ変数「名前」に「名無し」を代入 そうでなければ，入力された文字列を代入 ❹変数「名前」の値と「さん」を2秒表示する

■ 変数と処理の流れ

• (❷　　　　　)⇒文字列や数値など，プログラムで扱うデータを格納する入れ物のようなもの。

• (❸　　　　　)⇒(❷　　　　　)に値を入れること。

• プログラムの処理の流れ

1.(❹　　　　　)	入力装置から，文字列や数値などのデータを入力
2.(❺　　　　　)	アルゴリズムに従って，入力されたデータを加工
3.(❻　　　　　)	処理の結果を出力装置などに出力

📖 キーワード

☑ Scratch　☑ 変数　☑ 代入

練習問題 ....

1 次の❶～❸は，Scratch の画面エリアについて説明している。それぞれの説明に当てはまるエリアを下図のア～ウから選び，記号を解答欄に記入しなさい。

❶ プログラムを実行した時の動きを確認するエリア

❷ カテゴリごとに分けられたブロック（命令）の一覧が表示されたエリア

❸ プログラムを作成するエリア

①	
②	
③	

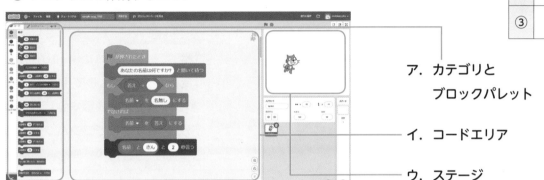

ア．カテゴリと
　　ブロックパレット

イ．コードエリア

ウ．ステージ

2 右下の Scratch でつくったプログラムの実行結果が次の❶，❷となるよう，プログラムを変えたい。変更が必要な場所をア～エの中から選び，それぞれ，どのように命令を変更したらよいか，記入しなさい。

❶ 名前を入力しなかった場合，変数に「？」を代入する

変更場所
変更内容

❷ 実行結果で「○○さん」を「○○様」に表示変更する

変更場所
変更内容

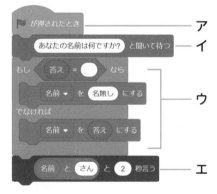

3 Scratch の拡張機能を確認し，どのような機能があるか，いくつか選んで下に書きなさい。

ヒント ■ のボタン（Scratch 画面左下にある）を押すと，拡張機能の一覧が表示される。自分が興味を持ったものを書き出してみよう。

⑤ プログラムを改善するときの考え方

第3章 コンピュータとプログラミング

✏️ 学習のまとめ

> プログラムの構造をわかりやすく整理し改善する工夫も必要じゃよ

■ **プログラムをよりよくする工夫** / ■ **リストの活用**

・プログラムは誰が見てもわかりやすく，シンプルなものにするのがよい。

工夫の例	プログラム	説明
(❶ 　　　　) を使ってコンパクトにする	名前がついた変数 ループ（反復）	変数 (❷ 　　　　　　　) に (❸ 　　　　) された値「10」から「変数の値を表示して (❹ 　　) ずつ減らす値を表示する」という部分を繰り返してコンパクトにしている。
(❺ 　　　　) してまとめる	〈定義してまとめたブロック〉「残り時間」という名前でまとめた定義ブロック	(❻ 　　　　　　　) とは，プログラムのひとかたまりに名前をつけてまとめたものをいう。ほかのプログラムと組み合わせて使うこともできる。
(❼ 　　　　) を活用する	〈リストにまとめた名前〉名簿 1 秋山 1番目 2 伊藤 2番目 3 岩井 3番目 4 植田 5 大高 6 大友 7 岡田 8 加藤 ＋ 長さ 30 ＝ リスト「名簿」	(❽ 　　　) という名前をつけた (❼ 　　　　) に名前のデータをまとめ，ひとまとまりのデータとして扱った例。(❾ 　　　) を複数つくるのに比べて，扱いが簡単。Scratch では (❼ 　　　) と呼ぶが，ほかのプログラミング言語では (❿ 　　　) ということがある。

📖 キーワード

☑ ループ（反復）　☑ 定義　☑ リスト　☑ 配列

練習問題 ....

1 **プログラムを改善するときの考え方について，下の❶〜❸のうち正しいものには○を，誤っているものには×をそれぞれ解答欄に記入しなさい。**

❶ プログラムは悪意のある人からの改ざんを防ぐため複雑に書いたほうがよい。

❷ 重複する部分は，ループや定義を使って，短く整理したほうがよい。

❸ 定義ブロックには，プログラムの内容がわかる名前をつけたほうがよい。

①	
②	
③	

2 **下の Scratch でつくったプログラムを，100 から 1 までカウントダウンさせるものに変えたい。**

❶ 変更が必要なブロックをア〜オの中から選び，解答欄に記入しなさい。

❷ ❶で選んだブロックでどのように命令を変更したらよいか，解答欄に記入しなさい。

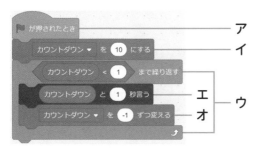

①	
②	

3 **下のプログラムを参考に，クラス全員の名前を出席番号順に呼ぶプログラムを Scratch でつくりなさい。なお，作成するときは，クラス全員の名前をリストにまとめたものとしなさい。**

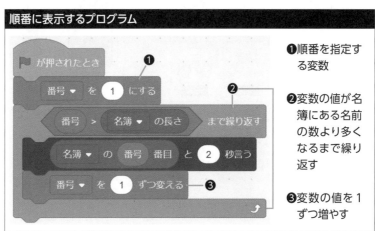

4 **リストの機能はどのようなデータを扱うときに使えばよいか，下に書きなさい。また，具体例も示しなさい。**

⑥ プログラミングスタイルの変化

第3章 コンピュータとプログラミング

✏ 学習のまとめ

プログラミングを効率よく進めるための
工夫がたくさんあるんじゃのう

■ 効率のよいプログラムを制作する工夫

- 処理のまとまりのことを（❶　　　）という。（❶　　　）を利用することで，プログラムの流れを確認したり，プログラムを修正したりするときの効率を高められる。
- 自分で処理を定義してつくる（❶　　　）を（❷　　　　　　）という。
- よく使われる（❶　　　）は（❸　　　　　）として一般公開，配布されているものもある。
- コード自体は公開されていないが，ソフトウェアの機能の一部をほかのソフトウェアから利用する（❹　　　）といったしくみもあり，プログラム作成の手間を省くことができる。

■ 構造化プログラミングとオブジェクト指向プログラミング

- 大規模なソフトウェアの開発では，小さなプログラムを組み合わせて互いに関連づけたり，機能を共有したりしながら，ソフトウェア全体をつくっていく。そのおもな考え方には，次の2つがある。

（❺　　　　　　　　　　）	（❻　　　　　　　　　　）
・プログラムの個々の「機能」に注目 ・全体をおおまかに構想し，機能単位の小さなプログラムに分割して全体をつくりあげるプログラミング方法	・プログラムを「モノの組み合わせ」ととらえる ・属性と操作をまとめた処理の対象をオブジェクトとしてとらえ，それを組み合わせてつくりあげるプログラミング方法

📖 キーワード

☑ 関数　☑ ユーザ定義関数　☑ ライブラリ　☑ API　☑ 構造化プログラミング

☑ オブジェクト指向プログラミング

練習問題 ....

１ 下の図を参考に，次の枠内（わくない）の条件に合うよう，問題を出題し，答えの正誤を出力するプログラムを
Scratch でつくりなさい。

・値１，値２ともに１～50の乱数 ・もし答えが正解なら「ピンポーン！」と３秒言う
・値１と値２の足し算の問題とする ・そうでなければ「ブー！」と３秒言う

〈定義してまとめたブロック〉 　　　　「問題作成」のユーザ定義関数

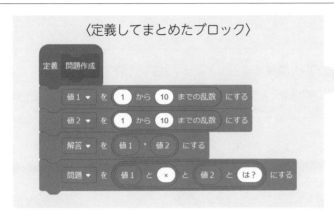 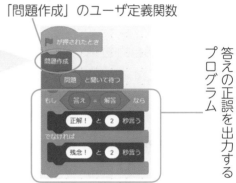

答えの正誤を出力するプログラム

２ Scratch のサイトでいろいろな作品を見て，気に入った作品名と，その作品で工夫がされている
と感じたところを下に書きなさい。

ヒント トップページ上部にある「見る」からたくさんの作品を見ることができる。

３ Scratch もオブジェクト指向のプログラミング言語といえる。何がオブジェクトに当たるか，下
に書きなさい。

４ 次の文の空欄（くうらん）❶～❹に当てはまるものとして，ア．オブジェクト指向プログラミング　イ．構造
化プログラミング　のいずれかを解答欄に記号で記入しなさい。

　　プログラム開発では，処理の流れに注目し段階別に詳細化（しょうさい）（構造化）する（❶）と，
処理の対象・モノに注目してそれぞれ部品を定義していく（❷）がある。たとえば
車のレースゲームをプログラムする場合，（❸）ではボタンを押（お）してゲームがはじま
るところから操作や動きの機能単位でプログラムを記述するのに対し，（❹）では車
などモノに注目して１つの動きのまとまりをつくり，これらを組み合わせてプログ
ラムしていく。

①	
②	
③	
④	

① モデル化とは

📝 学習のまとめ

> 身近な問題解決でもモデル化の考え方は役に立つぞ

■ モデル化とモデル

- （❶ 　　　　　　）⇒複雑なものごとや現象を（❷ 　　　　　　）してほかの方法であらわすこと。
- （❸ 　　　　　　）⇒（❶ 　　　　　　）で表現されたもの。
- モデル化の手順

1 モデル化の目的を確認して明確にする	→	2 モデルの構成要素とその関係を明確にする	→	3 （❹ 　　　　　）や（❺ 　　　　　）などで表現

■ モデルの種類

（❻ 　　　　　　） ⇒実物に似せた模型など	 
（❼ 　　　　　　） ⇒数理であらわしたモデル	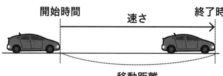 開始時間　速さ　終了時間 移動距離をあらわす数式 **移動距離＝速さ×時間** 移動距離
（❽ 　　　　　　） 例として ・（❾ 　　　　　　） ⇒集合の関係を円の重なりで表現 ・（❿ 　　　　　　） ⇒ものごとの構造を枝分かれで表現 ・フローチャート　など	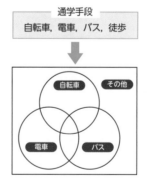 通学手段 自転車, 電車, バス, 徒歩 自転車　その他 電車　バス 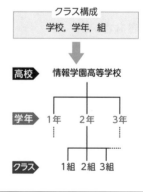 クラス構成 学校, 学年, 組 高校　情報学園高等学校 学年　1年　2年　3年 クラス　1組 2組 3組

📖 キーワード

- ☑ モデル化
- ☑ モデル
- ☑ 抽象化（ちゅうしょうか）
- ☑ 物理モデル
- ☑ 数理モデル
- ☑ ベン図
- ☑ ツリー図

1 モデル化の手順について，次の文の空欄❶～❹に入る語句を解答欄に記入しなさい。

　モデル化では，まずモデル化の（❶）を明確にすることが大切である。次にモデルを構成する（❷）とその関係を明らかにし，最後に対象を（❸）し（❹）や数式などであらわす。たとえば，ある駅からある駅までの経路をわかりやすく示すという（❶）でモデル化された鉄道路線図では，「路線全体の正確な形」「駅と駅の間の距離」などは省略され，（❷）に当たる「駅の並び順」が（❸）されたシンプルな（❹）であらわされている。

①	
②	
③	
④	

2 次の❶～❸は，いろいろな物理モデルについてその目的を説明したものである。これらが当てはまるモデルの具体例を語群から選び，記号を解答欄に記入しなさい。

❶ 実物を縮小し，全体像を見ることができる。
❷ 実物と同じサイズでつくることで，実物への影響をはかることができる。
❸ 実物を拡大し，細かな構造を観察することができる。

①	
②	
③	

> **語群** ア．ダミー人形　　イ．DNAモデル　　ウ．地球儀　　エ．骨格標本
> 　　　　オ．ビルなどの建造物の模型　　カ．細胞モデル

3 次の5人のペットに関する調査結果をベン図であらわしなさい。

Aさん→猫だけを飼っている
Bさん→犬だけを飼っている
Cさん→犬も猫も飼っている
Dさん→犬も猫も飼っていない
Eさん→犬だけを飼っている

4 モデル化の例を街の中で探し，下に書きなさい。

② モデルを利用した問題解決

第3章 コンピュータとプログラミング

✏️ 学習のまとめ

> 実物ではできないような実験ができるのも
> モデル化とシミュレーションの利点じゃ！

■ モデル化とシミュレーション

- ある現象やものごとを予測するために，数理モデルや物理モデルを使って実験や計算などを行うことを（**❶**　　　　　　　　　）という。
- （**❶**　　　　　　　　）では，結果に影響を与える要素である（**❷**　　　　　　　）を変更していくつかの結果を出す。それらの結果を比較することで，実際に取るべき方法や対策を判断することができる。
- ただし，モデル化が適切でないと，得られた結果は現実から大きくかけ離れてしまう。

例	（**❶**　　　　　　　　　　　）の目的	（**❷**　　　　　　　　　　）の例
台風予報	台風の進路，到達日時，最大風速，中心気圧などを予測する	海水温，風向き，台風の規模，気圧配置　など
洪水浸水想定区域図	浸水の可能性のある地域と水の深さなどを予測する	降水量，地形，川の水量，標高　など
衝突試験	衝突した時の乗員への影響を調べ，より安全な車の開発に生かす	速度，車の強度，衝突場所　など

■ 表計算ソフトウェアを利用したシミュレーション

- （**❸**　　　　　　　　　　　　　）を用いれば，文化祭の模擬店の販売計画など，身近な事柄でも簡単に（**❶**　　　　　　　　　）ができる。
- 売上個数や売値，固定費などのパラメータを変更して得られた複数の結果を比較することで，（**❹**　　　　　　　）を意識したよりよい売値を検討できる。
- （**❹**　　　　　　　）⇒売上総利益と費用が一致する金額のこと。
- （**❺**　　　　　）⇒売上総利益－固定費

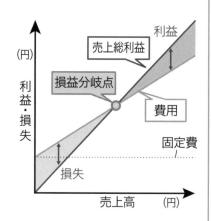

📖 キーワード

☑ シミュレーション　☑ パラメータ　☑ 損益分岐点

練習問題 ....

1 次の文の空欄❶〜❺に入る適語を語群から選んで記入しなさい。

　車の衝突実験では，実際の人間の大きさ・形をした（❶）を使って，車が衝突事故を起こした際の乗員への影響を調べている。実験では，速度やぶつかり方などの（❷）を変更して（❸）を何度も行い，複数の結果から実際の影響について予想する。また，（❹）を使った（❸）では，（❺）などを用いた複雑な計算による予測を行っている。

①	
②	
③	
④	
⑤	

語群 物理モデル　数理モデル　スーパコンピュータ　パラメータ　シミュレーション

2 文化祭の模擬店の売上について，シミュレーションをしたい。❶利益，❷売上額，❸売上総利益，❹利潤　を求めるためには，表計算ソフトウェアのセルにはそれぞれ，どのような計算式を入力すればよいか。下のア〜エから選び，記号を解答欄に記入しなさい。

ア．利益×売上数	イ．売値×売上数
ウ．売値−原価	エ．売上総利益−固定費

①		②	
③		④	

3 身近なシミュレーションの例を1つあげ，その目的と思われることを下に書きなさい。

名前		目的	

4 普段の生活の中で，シミュレーションで解決できそうな事例を考え，下に書きなさい。

第3節　モデル化とシミュレーション

1 次の文は，コンピュータについて述べたものである。空欄❶〜❺に当てはまる語句を下の語群から選び，記号を解答欄に記入しなさい。（2点×5）

コンピュータは，キーボードやマウスなどから（❶）されたさまざまなデータを複雑な電子回路や精密に動作する機器のはたらきによって（❷）し，その結果を，ディスプレイやプリンタなどに（❸）したり（❹）に保存したりする。

コンピュータを構成するさまざまな部品や装置のことをまとめて（❺）といい，演算・制御・記憶・入力・出力などの機能を担っている。（❺）はおもに演算・制御・記憶を行うコンピュータ本体と，（❶）・（❸）を行う周辺機器に分かれている。

①	
②	
③	
④	
⑤	

語群 ア．入力　イ．出力　ウ．更新　エ．処理　オ．スピーカ　カ．ファイル
キ．記憶メディア　ク．ハードウェア　ケ．ソフトウェア　コ．CPU

2 次の❶〜❼について，その内容が OS の説明として正しければ○，そうでなければ×を解答欄に記入しなさい。（2点×7）

❶ スマートフォンでは必要としない。

❷ オペレーティングシステムのことである。

❸ コンピュータ内部で計算処理を行う装置である。

❹ さまざまなデータを入力装置から受け取り，格納する。

❺ 応用ソフトウェアである。

❻ ハードウェアとアプリケーションソフトウェアを仲介する。

❼ 出力装置の中にインストールされている場合が多い。

①	
②	
③	
④	
⑤	
⑥	
⑦	

3 下の真理値表，記号，論理式が，正しい組み合わせになるようにそれぞれ線で結びなさい。（2点×6）

入 力		出 力
A	B	X
0	0	0
0	1	0
1	0	0
1	1	1

A ▷○ X

$X = A \cdot B$

入 力		出 力
A	B	X
0	0	0
0	1	1
1	0	1
1	1	1

A B ⊐ X

$X = \overline{A}$

入 力	出 力
A	X
0	1
1	0

A B ⊐ X

$X = A + B$

4 次のフローチャートは，「キーボードから数値 n と m を入力して，n÷m の計算結果を表示する。ただし，m の値が 0 のときは "計算不能" と表示する」というプログラムの手順を示したものである。空欄❶～❹に入る語句を下のア～オから選び，記号を解答欄に記入しなさい。（6点×4）

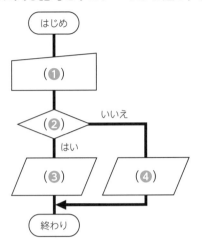

ア．n と m を入力	
イ．m＞0	
ウ． "計算不能" と表示	
エ．n÷m の値を表示	
オ．m≠0	

①	
②	
③	
④	

章末問題

5 次の文の空欄❶～❺に当てはまる語句を下の語群より選び，記号を解答欄に記入しなさい。（4点×5）

　コンピュータに処理させる内容や手順を記述したものを（❶）という。その実行には，処理の対象となる（❷）が必要である。（❶）の記述には（❸）が用いられるが，CPU はこれで書かれたソースコードを直接実行できないので，CPU に実行させるためには，ソースコードを機械語に一括翻訳する（❹）や，ソースコードを 1 行ずつ解釈しながら実行する（❺）が必要となる。

①	
②	
③	
④	
⑤	

語群
　ア．マクロ言語　　　イ．プログラミング言語　　ウ．スクリプト
　エ．データ　　　　オ．インタプリタ　　　　　カ．コンパイラ
　キ．アルゴリズム　　ク．プログラム　　　　　ケ．Python

6 次の❶，❷のモデルの説明として正しいものを下のア～ウから，また，❸，❹については，各図が示すモデルの名称をエ～キからそれぞれ選び，記号を解答欄に記入しなさい。（5点×4）

❶ 数理モデル

❷ 物理モデル

❸

❹

①	
②	
③	
④	

　ア．実物を模した模型や人形など　　　イ．自動車や航空機などの運送用機械
　ウ．対象を数理であらわしたもの
　エ．ベン図　　オ．フローチャート　　カ．路線図　　キ．ツリー図

① 情報通信ネットワーク

✎ 学習のまとめ

情報社会で生きるためには情報通信ネットワークの知識が欠かせんぞ！

■ ネットワーク

- (①　　　　　　)⇒ケーブルなどで接続し通信できるようにした，コンピュータの集まりのこと。

(②　　　　　)	家や学校など，一定の狭い範囲で使用される。 ・(③　　　　　　)⇒無線を用いた狭い範囲での (①　　　　　　)。 ・(④　　　　)⇒(③　　　　　) の国際規格に合っており，相互に接続できることを示す名称。
(⑤　　　　　)	(②　　　　　) どうしをつなぐ，広域の (①　　　　　　)。

- (①　　　　　　) は，(⑥　　　　) や (⑦　　　　) などの機器とコンピュータがつながってつくられている。

(⑥　　　　　)	異なる (①　　　　　　) の間をつなぎ，通信できるようにする機器。
(⑦　　　　　)	(②　　　　　) 内の複数の機器どうしをつなぐ，集線装置。

■ インターネット

- (⑧　　　　　　)⇒世界中に張り巡らされた巨大なコンピュータネットワーク。
- (⑨　　　　　)⇒(⑧　　　　　　) への接続を提供する事業者。ISP。
- 情報通信 (①　　　　　　)⇒(⑧　　　　　) や，電話網，金融機関の ATM，交通機関の座席予約システムなど，情報のやり取りを行う (①　　　　　　) をさす。

■ サーバとクライアント

- (⑩　　　　　)⇒サービスを提供するコンピュータ。
- (⑪　　　　　)⇒パソコンやスマートフォンなど (⑧　　　　　　) 上のサービスを利用するときに使うコンピュータ。
- (⑩　　　　　) は，(⑪　　　　　) からの依頼に基づいて処理を行い，その結果をふたたび (⑪　　　　　) へ返す。Web ページの情報を処理する (⑫　　　　　) や，電子メールの機能を提供する (⑬　　　　　) などがある。

📖 キーワード

- ☑ 情報通信ネットワーク　☑ LAN　☑ WAN　☑ ルータ　☑ ハブ　☑ Wi-Fi
- ☑ プロバイダ (ISP)　☑ インターネット　☑ サーバ　☑ クライアント

練習問題 ·······························

1 下の図の❶〜❹に入る語句を語群から選び，解答欄に記入しなさい。

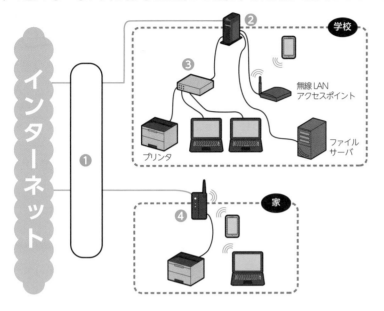

①	
②	
③	
④	

語群

ハブ　無線 LAN ルータ
ルータ　プロバイダ

2 次の❶〜❹の説明に当てはまる語句を，解答欄に記入しなさい。

❶ Local Area Network の頭文字をとったもの。建物の中や一定の区域内のネットワークをさす。

❷ ネットワークどうしをつなげて広がった，世界規模の巨大なコンピュータネットワークのこと。

❸ IEEE 802.11 規格に合っており，無線で相互に接続できることを示す名称。

❹ ネットワーク上でサーバが提供するサービスを利用するときに使うコンピュータのこと。

①	
②	
③	
④	

3 自宅のネットワーク用の機器について，機器の名称やはたらきを確認し，下に記入しなさい。

名称	はたらき

4 サーバにはほかにどのような種類のものがあるか調べ，そのうちの1つについて名称とはたらきを下に記入しなさい。

名称	はたらき

第1節

情報通信ネットワークのしくみ

PAGE. **77**

② データ伝送のしくみ　〜IPアドレスとプロトコル〜

第4章 情報通信ネットワークとデータの活用

✏ 学習のまとめ

> まずは情報通信ネットワークを構成する要素の役割をしっかり学ぶのじゃ

■ IP アドレス

- LAN やインターネットでは，個々のコンピュータやルータを（❶　　　　　　　　）という番号で識別している。（❶　　　　　　　　）には次のような種類がある。

（❷　　　　　　　　）	0 〜 255 の数字4つの組み合わせで表現される。
（❸　　　　　　　　）	インターネットに接続するコンピュータの数が増えたため，普及（ふきゅう）が進められている新しいバージョン。

■ ドメイン名と DNS

- （❶　　　　　　　　）は数字の組み合わせで，人間にはわかりにくいので，インターネット上のコンピュータやネットワークなどを識別するための名前である（❹　　　　　　　　）が使用される。
- （❹　　　　　　　　）と（❶　　　　　　　　）を変換（へんかん）するしくみを（❺　　　　　　）という。
- インターネット上にある情報の場所を示した固有の文字列を（❻　　　　　　）という。

```
            ❻
      ┌──────────────┐
          ❹
      ┌──────────┐
https://www.example.ne.jp/
```

■ プロトコル

- （❼　　　　　　　　　）⇒コンピュータネットワーク上で通信を行うための共通の約束事。
- （❽　　　　　　　）⇒インターネットの基本的な（❼　　　　　　　　　）。（❽　　　　　　　　）は送信データを（❾　　　　　　　　）に分けて指定した相手に送り，ふたたび元のデータに組み立てる。
- （❾　　　　　　　）⇒データの伝送単位。

■ プロトコルの階層構造

- ネットワークの通信では，（❿　　　　　　）化されたさまざまな（❼　　　　　　　　　）がそれぞれに役割を持って，決められた手順で情報をやり取りし，通信を確立している。

📖 キーワード

☑ IP アドレス ☑ IPv4 ☑ IPv6 ☑ ドメイン名 ☑ DNS ☑ URL ☑ プロトコル
☑ パケット ☑ TCP/IP ☑ プロトコルの階層構造

練習問題 ∙∙

1 次の❶～❺のうち，その内容が正しいものには〇，誤っているものには×をそれぞれ解答欄に記
入しなさい。

❶ ドメイン名は重複しないように管理されている。

❷ DNS とは，インターネットで大きなデータを送るときに使われるしくみである。

❸ TCP/IP では，途中でデータの一部が失われても再送される。

❹ プロトコルは階層化されているため，一部のルールが変わると全体を更新しなけ
ればならない。

❺ 通信の途中で失われたパケットは，受信側から再送するよう求める。

①	
②	
③	
④	
⑤	

2 次の図は TCP/IP を使ってデータを送るしくみをあらわしている。❶～❻で行われていることを，
下のア～カから選び，それぞれ空欄に記入しなさい。

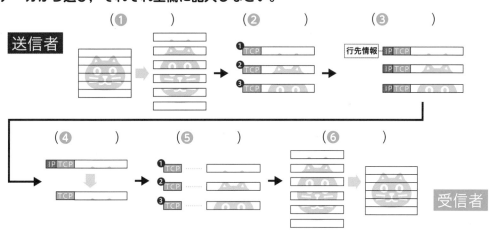

ア．TCP ヘッダをもとに，順番通りにしたあと TCP ヘッダをはずす

イ．データを分割する　　ウ．IP ヘッダをつける　　エ．IP ヘッダをはずす

オ．データをもとに戻す　　カ．データに TCP ヘッダをつける

3 自分の学校の Web サイトのトップページの URL を確認し，下に記入しなさい。

4 **3** のドメイン名にある文字列からわかる情報について話し合い，出た意見を下に記入しなさい。

③ データ伝送のしくみ ～WWWと電子メール～

🖋 学習のまとめ

> Webページの閲覧のしくみやメール送受信のしくみも学んでおくのじゃ

■ WWW

- Webページを閲覧するためのしくみを（❶　　　　　　）という。
- Webページは（❷　　　　　　）という言語で記述されており，Webブラウザを使って閲覧する。
- Webページは（❸　　　　　　）というしくみで別のページの情報につなぐことができる。
- （❹　　　　　　）はWebサーバにある情報をWebブラウザで表示させるときに使われるプロトコルで，これにTLSによる暗号化の機能を加えたのが（❺　　　　　　）というプロトコルである。

■ 電子メール

- 電子メールの送受信に使われるプロトコルには，以下のものがある。

名称	はたらき
（❻　　　　　）	電子メールを送信するためのプロトコル。
（❼　　　　　）	サーバ上から電子メールをダウンロードするためのプロトコル。
（❽　　　　　）	サーバ上に電子メールを保管したまま閲覧するためのプロトコル。

マルウェアに感染！

- （❾　　　　　　　）⇒ Webブラウザを使って電子メールをやり取りするシステム。
  （❿　　　　　　　）⇒ コンピュータウイルスやスパイウェアなど，不正かつ有害なソフトウェアの総称。
- 電子メールを使用するときはセキュリティ対策が必要である。

+α マルウェアに注意

メールを開いただけで感染するタイプや，文書作成ソフトや表計算ソフトなどのデータファイルを介して感染するタイプのほか，役に立つアプリのように動作しながら実は裏でこっそりデータを抜き取ったり破壊したりするもの，キーボードの入力を外部へ発信するものなど，マルウェアにはさまざまなものがある。

📖 キーワード

☑ WWW　☑ HTML　☑ リンク　☑ HTTP　☑ HTTPS　☑ SMTP　☑ POP
☑ IMAP　☑ Webメール　☑ マルウェア

・・

1 下の図は，電子メールのしくみをあらわすものである。図の中の❶～❸に当てはまるプロトコルとして，「IMAP」「POP」「SMTP」のいずれかを解答欄に記入しなさい。

①	
②	
③	

2 次の❶～❻のうち，その内容が正しいものには〇，誤っているものには×を解答欄に記入しなさい。

❶ HTTP は Web サーバにある情報を Web ブラウザで表示させるときに使う。

❷ HTTPS は Web ページを記述するための言語である。

❸ HTTP はプロトコルだが，HTTPS はプロトコルではない。

❹ HTTPS は暗号化の処理を加えている。

❺ HTTP も HTTPS も，Web ページのデータの伝送に使われる。

❻ HTTPS で電子メールを利用すれば，コンピュータウイルスの感染を防ぐことができる。

①	
②	
③	
④	
⑤	
⑥	

3 暗号化されていない HTTP だと，どのような危険性があるか考えて，下に記入しなさい。

4 Web メールの便利なところを考えて，下に記入しなさい。

第1節

情報通信ネットワークのしくみ

④ 情報セキュリティの重要性　〜個人認証〜

✏️ 学習のまとめ

> 情報社会では誰もが情報セキュリティ意識を高めることが求められておるぞ

■ サイバー犯罪の多様化

- アクセスを認められていない者がその情報にアクセスすることを（❶　　　　　　　　　　）という。
- パソコンなどが（❷　　　　　　　　）に感染すると，情報を盗まれたり，知らないうちに犯罪の手助けをしたりしてしまうことがある。
- サイバー犯罪の例

（❸　　　　　　　　）	情報やデータを不正に書き換えられる。
（❹　　　　　　　　）	架空のサービスの利用料金を請求される。
（❺　　　　　　　　）	リンクをクリックすると，意に反して「申込完了画面」に移り，金銭を要求される。
（❻　　　　　　　　）	本物そっくりの偽サイトへ誘導される。

- （❼　　　　　　　　　　　　　　　）⇒人間の心理的な隙や行動のミスに付け込んで，個人が持つ秘密情報を入手する行為。なりすまして他人のパスワードを聞き出すなど。

■ 個人や組織としてのセキュリティ対策

- （❽　　　　　　　　　　）⇒ ID・パスワードを入力後，スマートフォンに届いた一時的な認証コードを入力することで認証が完了するなどの方法。
- （❾　　　　　　　　）⇒指紋や顔など，個人の身体的特徴を用いて認証すること。
- 情報セキュリティを高めるためには組織レベルで（❿　　　　　　　　　　　　　　　）を策定し，それを順守する必要がある。
- 情報セキュリティの3要素
  - （⓫　　　　）性 ⇒情報へのアクセスを認められた人だけがアクセスできる状態にしておくこと。
  - （⓬　　　　）性 ⇒情報が正確で間違っていない状態を確保すること。
  - （⓭　　　　）性 ⇒必要なときに中断されることなくアクセスできる状態を確保すること。

📖 キーワード

☑️ サイバー犯罪　☑️ 不正アクセス　☑️ ウイルス　☑️ 改ざん　☑️ ソーシャルエンジニアリング

☑️ 2段階認証　☑️ 生体認証　☑️ 情報セキュリティ　☑️ 情報セキュリティポリシー

1 左の❶～❹の語句について，関連の深い文を右から選び，それぞれ線で結びなさい。

❶ フィッシング　　　•

❷ 架空請求（せいきゅう）　•

❸ ソーシャル
　　エンジニアリング　•

❹ 改ざん　　　　　•

• パスワードを入力しているところを後ろからのぞき見られた。

• 知らない間に自分の Web ページの内容が変わっていた。

• 身に覚えのないサービスから，料金が未払い（みばらい）だというメールが届いた。

• 銀行の名前で，パスワードを更新（こうしん）するようにとリンク付きのメールが届いた。

2 右の図は，情報セキュリティポリシーの組織における運用をあらわしたものである。❶～❸に当てはまる語句を下の語群から選び，解答欄に記入しなさい。

語群
対策基準　実施（じっし）手順
基本方針（ほうしん）

①　　　　　　　　　このような方針で行こう!!

②　　　　　　　　　こんな基準や規則でやりましょう!!

③　　　　　　　　　具体的にはこの手順でやろう

3 知らない人からあやしいメールが届いた経験はあるか。また，そのようなメールが届いたときはどうすればよいか。クラスで話し合ったことを下にまとめなさい。

どのようなメールだったか（文章の内容，特徴，差出人，リンクの有無，など）

どのように対処すればよいか

⑤ 情報セキュリティの重要性 〜暗号化〜

✏ 学習のまとめ

> 情報セキュリティ技術は時代とともにどんどん進歩してきておるぞ

■ 情報漏洩を防止するしくみ

- （❶　　　　　　　）⇒情報を第三者には意味の通じないデータに変換すること。
- （❷　　　　　　　）⇒（❶　　　　　　）されたデータを元のデータに戻すこと。
- （❸　　　　　　　）⇒（❶　　　　　　）されていないデータのこと。
- （❹　　　　　　　）⇒暗号技術において，（❶　　　　　　）と（❷　　　　　　）のときに使うデータのことで，次の2つの方式がある。
  - （❺　　　　　　　　　　）⇒同じ（❹　　　　　　）を使う暗号方式。
  - （❻　　　　　　　　　　）⇒公開鍵と秘密鍵の2つの違う（❹　　　　　　）を使う暗号方式。

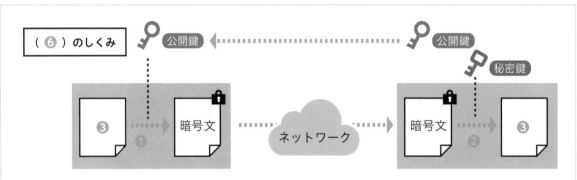

（❻）のしくみ

❸ → 暗号文 → ネットワーク → 暗号文 → ❸

公開鍵　　公開鍵　　秘密鍵

■ 改ざんを防ぐしくみ

- （❼　　　　　　　　）⇒やり取りするデータが，第三者によって途中で改ざんされていないことを証明する技術。
- （❽　　　　　　　　）⇒ハッシュ関数という計算方法で求めるデータの要約値。データの一部が変わると，生成される（❽　　　　　　）はまったく違うものになる。

■ なりすまし被害を防ぐしくみ

- （❾　　　　　　　　）⇒（❻　　　　　　　　　　）で使われる公開鍵について，持ち主が本人に間違いないことを証明する電子データ。（❿　　　　　　）によって発行される。

📖 キーワード

✓ 暗号化　✓ 復号　✓ 平文　✓ 鍵　✓ 共通鍵暗号方式　✓ 公開鍵暗号方式　✓ 共通鍵

✓ 公開鍵　✓ 秘密鍵　✓ 電子署名　✓ ハッシュ値　✓ 認証局　✓ 電子証明書

練習問題

1 次の文の空欄❶〜❺に入る適切な語句を，解答欄に記入しなさい。

　情報の漏洩を防ぐには，（❶）して通信するとよい。とくに，無線 LAN など傍受される可能性のある通信には欠かせない。その技術における「鍵」とは，（❶）や（❷）のときに使われるデータのことをさす。

　（❸）暗号方式では送信者と受信者が同一の鍵を用いる。しかし（❹）暗号方式では，送信者が（❹）を使って（❶）したファイルを（❷）するためには，それに対応する受信者だけが持っている（❺）が必要となる。

①	
②	
③	
④	
⑤	

2 下の図は，電子署名を使った改ざんを防ぐしくみをあらわすものである。❶〜❹に当てはまる語句として，「電子署名」「ハッシュ値」「秘密鍵」「公開鍵」のいずれかを解答欄に記入しなさい。

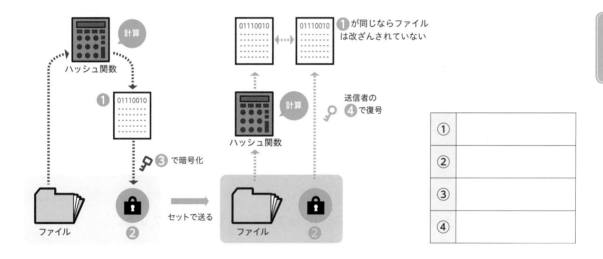

①	
②	
③	
④	

3 共通鍵暗号方式が，鍵を公開している公開鍵暗号方式よりも安全でないのは，どのような場合か。その理由も含めて下に記入しなさい。

4 なぜ公開鍵暗号方式は，鍵を公開しているにもかかわらず，共通鍵暗号方式よりも安全なのか。その理由を考え，下に記入しなさい。

① 情報サービスとそれを支える情報システム

第4章 情報通信ネットワークとデータの活用

✎ 学習のまとめ

> 情報システムによるサービスを受ける
> ときは情報提供もしておるのじゃ

■ 情報サービス

・情報通信ネットワークを使い，情報の提供を目的としたサービスのことを，情報サービスという。

情報サービスの例	内容
(❶　　　　　)	切符の磁気データやICカードの内容を読み取り，改札のゲートを開閉するシステム。
(❷　　　　　)	お金として使えるデジタルデータのこと。ICカードやバーコード，2次元コードを使って決済をする。
(❸　　　　　)	銀行や郵便局の現金自動預け払い機のことで，Automatic Teller Machine の略。
(❹　　　　　)	ネットワーク上の通信により商品やサービスの売買や決済をするしくみのこと。

■ 情報システム

・(❺　　　　　　　　　　)⇒さまざまな機器を(❻　　　　　　　　　　)で結び，システム全体としてサービスを実現させるしくみ。便利な暮らしをもたらす情報サービスを支えている。

・情報を効率的に活用することが求められる(❺　　　　　　　　)では，(❼　　　　　　　　)が重要な役割をはたしている。

・(❽　　　　　)⇒全地球測位システム。人工衛星を利用して現在位置を確認。

・(❾　　　　　)⇒販売時点情報管理システム。物品販売の動向をリアルタイムに集計・管理できる。このシステムを使用する店舗では，いつ，どこで，何が，どのような層にどれくらい売れたかという情報を参照することができる。

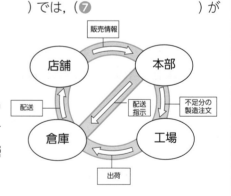

📖 キーワード

☑ 情報サービス　☑ 自動改札　☑ 電子マネー　☑ ATM　☑ 電子商取引　☑ 情報システム
☑ 地図情報サービス　☑ データベース　☑ GPS　☑ POS システム

1 地図情報サービスは，さまざまなデータを組み合わせることによって実現されている。次の❶～❹の機能を実現するためには，地図データ，緯度・経度，GPS データなどに加えて，どのようなデータが必要か。下の語群からそれぞれ１つずつ選び，解答欄に記入しなさい。

❶ 世界中の街並みや自然の風景などを上空からの視点で見ることができる。

❷ 現在地とその周辺で雨が降っているかどうかを確認できる。

❸ おいしいランチを提供している店を探すことができる。

❹ 目的地までどのくらいの時間がかかるかを，交通手段ごとに検索できる。

①	
②	
③	
④	

語群 衛星写真　　気象データ　　交通情報　　口コミ情報

2 次の❶～❹の POS システムにおける処理は，それぞれ倉庫，店舗，本部，工場のどの場所で行われるものか。該当する場所をそれぞれ解答欄に記入しなさい。

❶ いつ，どこで，何が，どういう層に，どのくらい売れたかを管理

❷ 何を，どのくらいつくるかを管理

❸ データを蓄積・分析

❹ いつ，どこに，何をどのくらい配送するかを管理

①		②	
③		④	

3 2次元コードやバーコードを使った決済サービスのしくみを調べて，下に記入しなさい。

4 情報サービスで解決できる課題について話し合い，下に記入しなさい。

② データベース

第4章 情報通信ネットワークとデータの活用

✏️ 学習のまとめ

> 大切なデータを扱うデータベースには適切な管理とセキュリティ対策が必要じゃ

■ データベース

- (❶　　　　　　　　　　) ⇒大量のデータを一定のルールに基づいて整理して蓄積し、必要な情報を効率よく取り出したり利用したりできるようにしたもの。
- (❷　　　　　　　　　　　　) ⇒データベースを構築、運用、管理するためのシステムやソフトウェアのこと。DBMS。一般的なものでは、行と列で構成された表、つまり (❸　　　　　　　　) の形式でデータを取り扱う。
- (❹　　　　　　　) ⇒ (❸　　　　　　　) を構成する1件1件のデータ (表形式では行) のこと。
- (❺　　　　　　　) ⇒データの各項目 (表形式では列) のこと。
- (❻　　　　　　) ⇒個々の (❹　　　　　　) を識別する役割を持つ (❺　　　　　　) で、管理番号のようなもの。

学籍番号	名前	性別	学年	クラス	所属クラブ
19F024	小川 和子	女	3	C	ソフト
21M013	白鳥 たけし	男	1	B	バレー
20F005	高橋 カレン	女	2	A	吹奏楽
20M028	中原 太郎	男	2	B	美術
21F034	西長 花子	女	1	A	バレー

（❻）　　（❺）　　　　　（❹）

■ データベースの操作

操作の種類	操作
(❼　　　　　　)	特定の (❹　　　　　　　) を抽出する。
(❽　　　　　　)	特定の (❺　　　　　　　) を抽出する。
(❾　　　　　　)	複数の (❸　　　　　　) を組み合わせる。

- (❿　　　　　　　　　　) ⇒表の形式でデータを扱い、複数の表を関係づけながらデータを活用。RDB、関係データベースともいう。

> 表の中のレコードとフィールドの縦・横の向きは、「行」「列」の漢字のつくりの向きに当てはめると覚えやすい！

行
横⇒レコード

列
縦⇒フィールド

📖 キーワード

- ☑ データベース　☑ データベース管理システム (DBMS)　☑ テーブル (表)　☑ レコード
- ☑ フィールド (項目)　☑ 主キー　☑ 選択　☑ 射影　☑ 結合
- ☑ リレーショナルデータベース (RDB)

1 次の❶〜❻は，データベースについて説明したものである。正しければ〇，そうでなければ×を解答欄に記入しなさい。

❶ セキュリティが保てるように設定する必要がある。

❷ 少量のデータに対しても，時間をかけて処理を行っている。

❸ 一般的なものでは，行と列で構成された表形式でデータが管理される。

❹ スマートフォンのアドレス帳もデータベースの一種である。

❺ レコードとは，データの各項目のことで，表形式では列のことをいう。

❻ データベースを複数人で操作すると，データが壊れたり不具合が生じたりして完全性が保てないため，避けるようにする。

①	
②	
③	
④	
⑤	
⑥	

2 下の2つのテーブルはいずれも，J高校の文化祭実行委員の名簿である。A は名前と性別，B は所属情報をまとめている。この2つのテーブルを用いて❶〜❸の処理を実行してあらたなテーブルをつくる場合，選択，射影，結合のうちどの操作を行えばよいか。解答欄に記入しなさい。

A
学籍番号	名前	性別
19F024	小川 和子	女
21M013	白鳥 たけし	男
20F005	高橋 カレン	女
20M028	中原 太郎	男
21F034	西長 花子	女

B
学籍番号	学年	クラス	所属クラブ
19F024	3	C	ソフト
21M013	1	B	バレー
20F005	2	A	吹奏楽
20M028	2	B	美術
21F034	1	A	バレー

❶ テーブル A から性別が「女」のレコードだけを抽出

❷ テーブル A から名前と性別のフィールドだけを抽出

❸ テーブル A と B を組み合わせてひとつのテーブルを作成

①		②	
③			

3 図書館の蔵書データベースにはどのようなデータが登録されているか調べ，下に記入しなさい。

ヒント 学校や公立の図書館のデータベースを使って，何か本を調べてみよう。検索結果にはどのようなデータが含まれているだろうか。

第2節

情報システムとデータベース

③ データの形式とデータモデル

✏️ 学習のまとめ

「文字列」と「数値」では性質が異なる。データは性質で区別して扱うのじゃ

■ データベースに登録されるデータの型

- データベースにデータを登録するときは，フィールドごとにそれぞれの（❶　　　　　　　）を設定し，その型の性質や取り扱い方などに合うデータを登録する。
- （❶　　　　　　　）の代表例⇒（❷　　　　　　　），（❸　　　　　　），（❹　　　　　　　）など。

❷	❸	❹
ユーザ名	年齢	登録日
kayako186	51	2020/10/8
oakasaka	27	2019/8/27
algo1213	16	2019/12/13

■ 文字や数値以外のデータの扱い

- ファイルサイズが大きく，テーブルに直接登録するとデータベースの動きが（❺　　　　　　）なるデータは個別に保存し，必要に応じて呼び出して表示するようなしくみで管理することが多い。
- データとそれに対応する識別番号をペアで管理する形式を（❻　　　　　　　　　）形式という。

■ 構造化データと非構造化データ

（❼　　　　）データ	データの各要素が定型的で，互いの関連性は表形式で整理できる。
（❽　　　　）データ	音声や文書などデータが定型的ではなく，表形式で整理できない。

- 情報通信技術の発展により毎日いたるところでやり取りされるようになった大量かつ多様で，発生頻度の高いデータのことを（❾　　　　　）データという。

■ ビッグデータの活用

- 各種の数値化されたデータは統計的な分析を通して有効活用されている。（❾　　　　　　）データの分析に有効な手法も次々と生まれており，さまざまな分野の知識をもとに膨大なデータから有用な情報を見つけ出す（❿　　　　　　　　　　　　）のニーズも高まっている。

📖 キーワード

☑ データ型　☑ 文字列型　☑ 整数型　☑ 日付型　☑ キー・バリュー形式　☑ 構造化データ
☑ 非構造化データ　☑ ビッグデータ　☑ データサイエンティスト

••

1 次のア〜カのデータの例を❶非構造化データと❷構造化データに分類し，記号でそれぞれ解答欄
に記入しなさい。

| ア．GPS 情報　　イ．電子メール　　ウ．顧客情報 |
| エ．サーバのログ　　オ．図書データベース　　カ．音声 |

①	
②	

2 次の❶〜❻のデータベースに関する文のうち，正しいものには〇，そうでないものは×を解答欄
に記入しなさい。

❶ フィールドごとに，複数のデータ型を設定する。

❷ フィールドで設定されたデータ型に合わないデータは，基本的には登録できない。

❸ データ型には，文字をあらわす文字列型や，整数をあらわす整数型，日付をあ
らわす日付型などがある。

❹ 文字の「1」と数字の「1」を区別せずに処理する。

❺ ビッグデータは構造化データである。

❻ 画像などの大きなファイルはテーブルに直接登録せず別に保存し，必要に応じ
て呼び出すようなしくみで管理するとよい。

①	
②	
③	
④	
⑤	
⑥	

3 「いつどこで何をしたか」という，人の行動をデータ化したものを，行動履歴という。行動履歴の
種類にはどのようなものがあり，それらを収集するためにはどのような方法があるか，調べなさい。
また，収集した行動履歴はどのように活用されているかも調べ，下に記入しなさい。

種類
収集方法
利用される場面

① データの収集

📝 学習のまとめ

> 収集したデータの内容や形式によって整理すると活用もしやすくなるぞ

■ 問題解決とデータの活用

・データに基づいた問題解決をするには，まず解決したい問題を（❶　　　　　）にし，必要なデータを集めて（❷　　　　　）し，解決方法を（❸　　　　　）する。また，解決策を実施した後の（❹　　　　　）も大切である。

■ データの収集

・すでに集められているデータからわかることも多い。（❺　　　　　）上には誰でも自由に利用できる公開データもある。このようなデータを（❻　　　　　）という。

・（❼　　　　　）など，自分たちでデータを集める場合は，質問のしかたに注意する。

■ 質的データと量的データ

種類	尺度	項目の例	計算できるか？
（❽　　　）データ ⇒数値で測定できない	（❿　　　）尺度	性別，名前，学校名	個数は数えられる
	（⓫　　　）尺度	成績の順位，階級	大小の比較はできる
（❾　　　）データ ⇒数値で測定できる	（⓬　　　）尺度	西暦，温度	足し算，引き算はできる
	（⓭　　　）尺度	長さ，重さ，金額	四則演算ができる

・データ（値）の意味，性質を踏まえた分類の基準のことを，尺度という。

■ データの整理（データクレンジング）

・収集したデータには，誤りや抜けがあったり，ほかと大幅にかけ離れた値があったりすることがある。これらは（⓮　　　　　）を求めるときなどに影響を与えることがあるため（⓯　　　）する必要がある。

・（⓰　　　　　　）⇒欠損値やはずれ値などを見つけてデータを整理すること。

📖 キーワード

☑ オープンデータ　☑ 質的データ　☑ 量的データ　☑ 名義尺度　☑ 順序尺度

☑ 間隔尺度　☑ 比例尺度　☑ データクレンジング　☑ 欠損値　☑ はずれ値

練習問題

1 下の図は，問題解決とデータの活用手順をあらわしたものである。空欄❶～❺に当てはまる適切な語句を解答欄に記入しなさい。

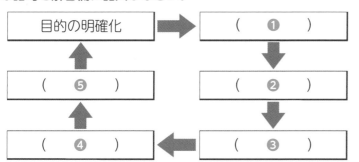

```
目的の明確化  ➡  ( ❶ )
                    ⬇
( ❺ )              ( ❷ )
  ⬆                  ⬇
( ❹ )      ⬅      ( ❸ )
```

①	
②	
③	
④	
⑤	

2 右の表は，期末テストの結果をまとめたデータであるが，データクレンジングが必要な箇所が矢印で示されている。それぞれ，どのような整理が必要か。空欄❶～❸に当てはまる処理を下のア～ウから選び，記号を解答欄に記入しなさい。

ID	国語	数学	理科	社会	英語	情報
20M001	51	3 2	59	60		77
20M002	65	90	81	500	79	
20M003	QQ	45	68	87	72	89
20M004	71	58	62	83	75	42

❶　　　　❷　　　❸

ア．欠損値の扱いを考える　　イ．データ形式を整える
ウ．はずれ値の扱いを考える

①		②		③	

3 総務省統計局が公開している「e-Stat」にはどのようなデータがあるか，調べて記入しなさい。

ヒント 「政府統計の総合窓口（e-Stat）」　https://www.e-stat.go.jp/　を開いて，興味のあるデータを閲覧してみよう。

4 上の**3**で調べた「e-Stat」のデータから分析できそうなことを話し合い，下に記入しなさい。

ヒント 複数のデータを結び付けたときに導き出せそうなことがないか，話し合ってみよう。

② データの分析

> わかりやすい可視化の表現で，データ分析を問題発見や解決につなげるのじゃ！

第4章 情報通信ネットワークとデータの活用

✏ 学習のまとめ

■ 数値データの整理と分析

(❶)	データを一定の区間に分け，それぞれの区間 (階級) ごとにデータの個数 (度数) を数え，表にしたもの。
(❷)	すべての値を足した合計をデータの個数で割った値。
(❸)	データを大きさの順に並べて，ちょうど真ん中にくる値。
(❹)	最も度数の集中している値。
(❺)	データに含まれる数値がどれくらい散らばっているかをあらわす値。
(❻)	度数分布表をグラフにしたもの。縦軸に度数，横軸に階級をあらわす。

■ クロス集計と散布図

(❼)	2つ以上の項目の集計結果を掛け合わせて比べ，特徴を見る方法。比較したグループそれぞれの特徴が見えてくる。
(❽)	2つの異なる項目の量をグラフの縦軸と横軸に対応させ，点を打ってあらわしたもの。それぞれのデータの (❾) を見るのに便利。

■ テキストデータの分析 (テキストマイニング)

(❿)	大量にあるテキストデータの中から，よく出てくる単語や，いっしょに使われることの多い言葉を見つけ，有用な情報を見つけ出す方法。アンケートの自由記述などの分析に便利。

📖 キーワード

- ☑ 度数分布表　☑ 平均値　☑ 中央値　☑ 最頻値　☑ 分散　☑ ヒストグラム
- ☑ クロス集計　☑ 散布図　☑ 相関　☑ テキストマイニング

 練習問題 ....

1 右の表は，ある高等学校の1年生男子20名のハンドボール投げの測定結果である（単位：m，cm 以下四捨五入）。

❶ 階級の幅を2mとして下の度数分布表を完成させなさい。

❷ ❶ で作成した度数分布表をもとに下のヒストグラムを作成しなさい。

❸ 最頻値を示す矢印をア〜エの中から選び，解答欄に記入しなさい。

❹ 中央値を示す矢印をア〜エの中から選び，解答欄に記入しなさい。

❺ このデータの平均値を求めなさい。また，それを示す矢印をア〜エの中から選び，解答欄に記入しなさい。

NO.	記録	NO.	記録
1	29	11	23
2	21	12	27
3	24	13	21
4	29	14	28
5	22	15	26
6	27	16	20
7	19	17	25
8	25	18	21
9	22	19	29
10	27	20	25

（度数分布表）

階級	度数
19 以上〜 21 未満	
21 以上〜 23 未満	
23 以上〜 25 未満	
25 以上〜 27 未満	
27 以上〜 29 未満	
29 以上〜 31 未満	

（ヒストグラム）

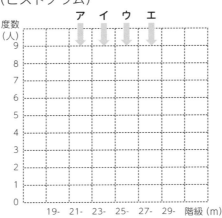

③	
④	
⑤	平均値
	矢印

第3節

データの活用

2 下の散布図について，❶〜❸の説明に当てはまる相関とはどのようなものか，解答欄に記入しなさい。

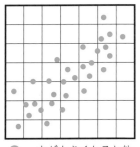

❶ 一方が大きくなると他方も大きくなる傾向

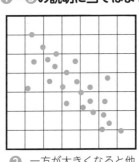

❷ 一方が大きくなると他方は小さくなる傾向

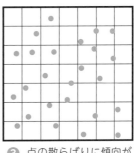

❸ 点の散らばりに傾向がない

①	
②	
③	

3 テキストマイニングの活用事例を調べて，わかったことを下に記入しなさい。

活用事例	そのテキストマイニングの事例ではどのようなことがわかるか

第4章 情報通信ネットワークとデータの活用

1 次の❶～❺は，LANを構成する機器の名称や関連用語について説明したものである。それぞれの説明に当てはまる語句を下の語群から選び，記号を解答欄に記入しなさい。

（3点×5）

❶ サーバの機能を利用する際に使うコンピュータのこと。

❷ LAN内の複数の機器どうしをつなぐ集線装置。

❸ インターネットへの接続を提供する事業者。

❹ 異なるネットワークどうしを接続し，互いに通信ができるようにするための機器。

❺ サービスを提供するコンピュータ。

①	
②	
③	
④	
⑤	

語群 ア．ハブ　イ．プロバイダ(ISP)　ウ．サーバ　エ．クライアント　オ．ルータ

2 右の図は，WWWでWebサーバからWebページのデータが送られてくるまでの手順をあらわしたものである。図に示された❶～❺の段階では，それぞれ，どのような処理が行われているか。下のア～オから選び，記号を解答欄に記入しなさい。（3点×5）

ア．Webブラウザからの要求を調べ，対応するデータを送信する。

イ．URLからドメイン名を取り出し，送信する。

ウ．ドメイン名をIPアドレスに変換し，IPアドレスを送信する。

エ．送られてきたデータをWebページとして表示する。

オ．IPアドレスを使い，WebサーバへWebページのデータを要求する。

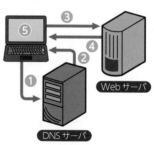

①	
②	
③	
④	
⑤	

3 次の文は情報システムとデータベースについて述べたものである。空欄❶～❼に当てはまる語句を下の語群から選び，それぞれ記号を解答欄に記入しなさい。（2点×7）

　情報サービスの例として，ネットワークを介して売買や決済を行う（❶）や，お金として使えるデジタルデータの（❷）のしくみなどがあげられる。これらの情報サービスを支える情報システムにおいては，大量のデータをルールに基づいて整理・蓄積し，必要な情報を効率的に活用できるようにした（❸）の役割が大きい。商品販売の動向をリアルタイムに集計・管理する（❹）システムも，この（❸）に支えられている。一般的な（❸）は，行と列で構成された（❺）の形式でデータを取り扱っている。（❺）の中の行であらわした1件1件のデータのことを（❻）といい，列であらわしたデータの各項目のことを（❼）という。

①	
②	
③	
④	
⑤	
⑥	
⑦	

語群 ア．データベース　イ．ATM　ウ．POS　エ．GPS　オ．CD　カ．フィールド　キ．レコード　ク．電子商取引　ケ．主キー　コ．電子マネー　サ．テーブル

4 次の図 A，B は，代表的な暗号方式のしくみをあらわしたものである。空欄❶〜❹に当てはまる語句を，それぞれ漢字3文字で解答欄に記入しなさい。(6点×4)

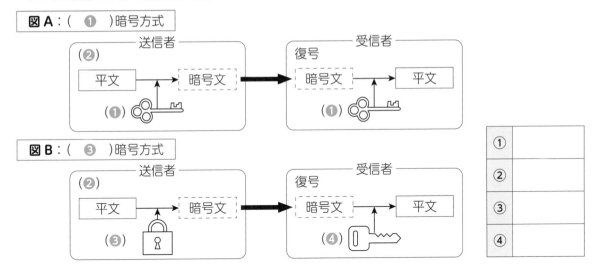

図A：(❶)暗号方式

送信者
(❷)
平文 → 暗号文
(❶)

受信者
復号
暗号文 → 平文
(❶)

図B：(❸)暗号方式

送信者
(❷)
平文 → 暗号文
(❸)

受信者
復号
暗号文 → 平文
(❹)

❶	
❷	
❸	
❹	

章末問題

5 次の❶〜❺の文は，さまざまなプロトコルの役割について説明したものである。それぞれの説明に当てはまる語句を下の語群から選び，記号を解答欄に記入しなさい。(4点×5)

❶ メールを受信するプロトコル。

❷ メールを送信するプロトコル。

❸ サーバ上に電子メールを置いたまま閲覧するプロトコル。

❹ Web サーバにある情報を Web ブラウザで表示させるためのプロトコル。

❺ インターネットの基本的プロトコル。

| 語群 | ア．HTTP　　イ．TCP/IP　　ウ．POP　　エ．IMAP　　オ．SMTP |

❶	
❷	
❸	
❹	
❺	

6 次の図❶〜❸の示すデータの表現方法を下の語群から選び，解答欄に記入しなさい。(4点×3)

❶

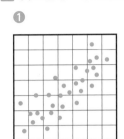

❷

新製品「冬季限定・ふわ雪ミルクシェイク」を買いましたか？（単位：人）

	はい	いいえ	合計
男性	34	66	100
女性	73	27	100
合計	107	93	200

❸

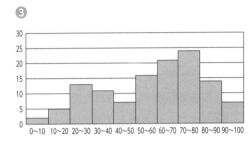

| 語群 | ヒストグラム　　ピクトグラム　　散布図
クロス集計表　　テキストマイニング |

❶	
❷	
❸	

総 合 問 題

1 次の文は，下の図について説明したものである。空欄**❶**～**❻**に当てはまる語句を，漢字で解答欄に記入しなさい。（2点×6）

　（**❶**）を大きく分類すると，著作権，産業財産権，その他の権利に分けられる。公表権，同一性保持権などの（**❷**）は，著作者だけに与えられる権利である。また，おもな産業財産権には，発明を保護する（**❸**），ものの構造や形にかかわるアイデアを保護する（**❹**），デザインなどを保護する（**❺**），トレードマークやロゴマークなどを保護する（**❻**）がある。

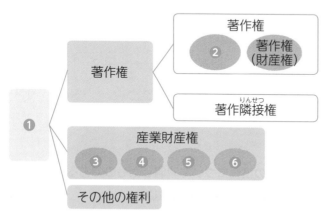

①	
②	
③	
④	
⑤	
⑥	

2 次の**❶**～**❺**のケースについて，著作権法で定められた権利を侵害しないものには○を，侵害に当たる場合は×を解答欄に記入しなさい。（2点×5）

❶ 幼稚園に通ういとこが描いた絵を，誰にも許可を得ず自分の SNS に投稿した。

❷ 自分が飼っている犬のポチ（オス・2才）を写真撮影し，ポチに許可を得ず，自分の SNS で公開した。

❸ 雑誌に掲載されていた人気タレントのエッセイを，無断で自分のブログに掲載した。

❹ レンタルショップで借りてきた音楽 CD を，自分が楽しむために自分のコンピュータに取り込み，再生して聴いている。

❺ 自分の作成した論文に，引用元を明記したうえで他人の実験結果のデータを使用し，グラフで示した。

①	
②	
③	
④	
⑤	

3 インターネット上の情報や SNS にある無数の投稿やコメント，スマートフォンの位置情報など，多様な方法で収集・蓄積された膨大かつさまざまな種類のデータを分析することで，意味のある情報を見つけ出すことができるようになった。このようなデータの集まりを何というか。（3点×1）

答	

4 1ビットで2種類の情報を表現できるとき，4ビットの情報量では何通りの情報を表現できるか，解答欄に記入しなさい。（3点×1）

答	通り

5 次の❶〜❽は，電子メールについて述べたものである。正しいものには〇，そうでないものには×を解答欄に記入しなさい。（2点×8）

❶ 電子メールとは，自分のコンピュータから相手のコンピュータに直接メッセージを届けるサービスのことである。

❷ 送りたい相手のメールアドレスがわからない場合は，宛先（TO）の欄に，相手の名前と自宅の住所を書けば届く。

❸ メールの宛先（TO）にある CC とは「コピーコントロール」の略で，電子メールが不正にコピーされることを防ぐはたらきを示す。

❹ 一般に，Subject（件名）欄は空欄であってもメールは相手に届くが，内容をあらわすタイトルを書いておくことが望ましい。

❺ 自分に届いた電子メールは，転送（Forward）機能を使って他の人に転送することができる。

❻ ファイルを添付するときは，そのファイルのサイズに注意する。

❼ 友だちのメールアドレスを第三者から聞かれたときは，教える前に，まず友だちに確認する。

❽ 引っ越しにともなう住所や電話番号の変更のお知らせなどを，複数の相手に一度に送りたい場合，メールアドレスはまとめて CC 欄に入れるとよい。

①	
②	
③	
④	
⑤	
⑥	
⑦	
⑧	

6 次の❶〜❼の説明に該当する語句の英語の正式名を下の語群から選び，記号を解答欄に記入しなさい。

（2点×7）

❶ 共通の話題がある人どうしや友だちどうしがインターネット上で情報共有できる，会員制サービス。

❷ Web サーバとやり取りし Web ページを表示するための，データ送受信に関する通信規約。

❸ プロトコル名，ドメイン名，ファイル名などで記述されている，インターネット上の情報の場所。

❹ インターネットでデータをやり取りする取り決めの総称。これでパケット通信が行われている。

❺ 学校や企業や家庭などの狭い範囲で使うネットワーク。

❻ コンピュータの中核となる装置で，主に演算や制御の機能を持つ。

❼ メール受信時に使われるプロトコル。

①		②		③		④		⑤		⑥		⑦	

語群
ア．World Wide Web
イ．Post Office Protocol
ウ．Uniform Resource Locator
エ．HyperText Transfer Protocol
オ．Global Positioning System
カ．Social Networking Service
キ．Simple Mail Transfer Protocol
ク．Transmission Control Protocol/Internet Protocol
ケ．Local Area Network
コ．Portable Document Format
サ．Central Processing Unit

7 右は，任意のアルファベットを入力したとき，それが「C」であれば『あたり！』，そうでなければ『ハズレ』を表示させるプログラムである。これを参考に，入力した得点が 70 点以上であれば『大変よくできました』，そうでなければ『がんばりましょう』と表示するプログラムになるよう，下の①～③に当てはまる内容を解答欄に記入しなさい。(7点×3)

総合問題

ヒント 「以上」を示す演算子は，プログラム内では >= となる。

```
文字 = input(' アルファベット
を入力してください : ')
if 文字 == 'C':
    print(' あたり！ ')
else:
    print(' ハズレ ')
```

= = = = = = = = = = = = = = = = = =

文字 = ❶

得点 = int(文字)

❷

❸ (' 大変よくできました ')

else:

❸ (' がんばりましょう ')

= = = = = = = = = = = = = = = = = =

①	
②	
③	

8 次の❶～❽の文中の下線部について，正しい場合は〇を，誤っている場合は正しい語句を，それぞれ解答欄に記入しなさい。(2点×8)

❶ 同じデータが連続する部分に注目して圧縮する方法のことを，ランレングス法という。

❷ 音声データをデジタル化する際の，1秒間あたりの標本化の回数を，量子化ビット数という。

❸ MP3 形式のファイルは，音声データである。

❹ JPEG 形式は可逆圧縮なので，元の情報を完全に復元できないが，圧縮率は高い。

❺ 「光の3原色」をアルファベット3文字で書くと，CMY である。

❻ 画像や音声を圧縮したり元に戻したりするためのしくみのことをユニコードという。

❼ 16 進法の計算では，「DA」を「FF」にするには「26」を加える。

❽ 2 GB のデータを 512MB に圧縮した場合の圧縮率は，50%である。

①	
②	
③	
④	
⑤	
⑥	
⑦	
⑧	

9 次のア～オについて，コンピュータウイルスの感染を防ぐ対策として正しいものをすべて選び，記号を解答欄に記入しなさい。(完答5点)

ア. 他人から受け取った記録メディアを使う際はウイルスチェックをかけている。

イ. 届いたメールはなるべく早く開封し，全ての内容を確認するようにしている。

ウ. メールで送られてくる添付ファイルが自動的に実行されないような設定をしている。

エ. OS やアプリのバージョンを常に最新にアップデートしている。

オ. 年に一度は必ずコンピュータにウイルスチェックをかけている。

答	